LES SIGNES

Comment interpréter les coïncidences et les symboles dans notre vie

Traduit de l'anglais par
Isabelle Marcoux

Denise Linn

Éditeur : François Doucet
Traduction : Josée Guévin
Révision linguistique : Isabelle Marcoux, Féminin Pluriel
Révision : Nancy Coulombe, Suzanne Turcotte
Graphisme : Nicolas Pinard
ISBN 2-89565-442-1
Première impression : 2007
Dépôt légal : 2007
Bibliothèque et Archives nationales du Québec
Bibliothèque Nationale du Canada

Éditions AdA Inc.
1385, boul. Lionel-Boulet
Varennes, Québec, Canada, J3X 1P7
Téléphone : 450-929-0296
Télécopieur : 450-929-0220
www.ada-inc.com
info@ada-inc.com

Diffusion

Canada : Éditions AdA Inc.
France : D.G. Diffusion
ZI de Bogues
31750 Escalquens – France
Téléphone : 05.61.00.09.99
Suisse : Transat - 23.42.77.40
Belgique : D.G. Diffusion - 05.61.00.09.99

Imprimé au Canada
Participation de la SODEC.
Nous reconnaissons l'aide financière du gouvernement du Canada par l'entremise du Programme d'aide au développement de l'industrie de l'édition (PADIÉ) pour nos activités d'édition.
Gouvernement du Québec - Programme de crédit d'impôt pour l'édition de livres - Gestion SODEC.

Je dédie affectueusement ce livre à
DAVID, MEADOW ET MARIKA
pour la joie qu'ils me donnent.

Remerciements

Toute ma gratitude à :
Judith Kendra, mon éditeur, pour ses conseils judicieux.
Joseph Winterhawk Martin, Credo Mutwa, Claire Brown, Ken Colbung, Lily Kauler et Sara Broadhurst, pour leur collaboration.

Table des matières

	Introduction	7
1	Qu'est-ce qu'un signe ?	11
2	Comment les signes se manifestent dans votre vie	29
3	Comment demander un signe	55
4	Comment interpréter les signes	69
	LEXIQUE DES SIGNES	77
	Au sujet de Denise Linn	233

Introduction

À chaque instant, l'Univers vous murmure à l'oreille. Le vent transporte des messages qui vous sont adressés. Le chant des oiseaux le matin ou le doux clapotis des vagues recèle de la sagesse qui vous est destinée. Même les petits événements de la vie quotidienne permettent de communiquer avec le royaume des esprits.

En ce moment même, tandis que vous lisez ces lignes, vous êtes entouré de messages personnels provenant du monde extérieur. Que vous en soyez conscient ou pas, les signes sont constamment présents. Bien sûr, vos nuits en sont remplies par l'intermédiaire des rêves, mais ceux qui se manifestent durant la journée ont autant d'importance. Les signes représentent des outils puissants susceptibles de vous aider à mieux vous comprendre et à vous indiquer la voie à suivre. Ils peuvent également refléter ce que votre subconscient cherche à vous dire.

Dans les temps anciens, les gens savaient comprendre et interpréter les bons et les mauvais présages. De fait, la destinée tout entière d'une tribu et même d'un pays dépendait souvent des signes. Mais avec le développement de la technologie, les gens se sont peu à peu déconnectés de la terre et de leur sagesse intérieure. La plupart ont perdu leur capacité à écouter les messages secrets qui les entourent et ne savent plus reconnaître les signes susceptibles de les guider à chaque instant.

Il est temps de retrouver cette aptitude. Notre planète évolue très rapidement et, devant ce rythme effréné, il devient nécessaire de nous rappeler comment percevoir les messages que le vent transporte et savoir entendre le murmure des nuages. Cela deviendra de plus en plus important au cours des années à venir. En ce début du vingt-et-unième siècle, l'éveil de la conscience planétaire va en s'accélérant. Nous entrons dans une époque de signes et de présages. Il n'a jamais existé de période plus propice dans l'histoire de notre planète pour endosser notre magnificence. Les signes nous montrent le chemin. Il est maintenant temps de réapprendre à écouter ce que l'Univers cherche à nous dire.

Mon voyage au royaume des signes et des présages a commencé quand j'étais très jeune. En fait, je pense que j'ai toujours surveillé les signes et senti une profonde connexion entre les gens et entre les choses. Même toute petite, je savais intuitivement qu'il existait un vaste réseau de connexions universelles en moi, où toutes les interfaces de la vie se situaient. Et j'écoutais les signes qui émanaient de cette source profonde. Je crois que mes origines cherokees sont partiellement responsables de cette perception que j'ai de la vie, car les autochtones du monde entier suivent les signes et croient aux présages.

Toutefois, je crois également que mon intérêt pour les signes est peut-être attribuable au milieu dans lequel j'ai grandi, c'est-à-dire une famille où un membre très proche a souffert temporairement de maladie mentale. La schizophrénie paranoïaque dont cette personne était atteinte nous rendait souvent la vie très difficile. Mais, comme toute épreuve comporte sa part de bienfaits, j'ai beaucoup appris en vivant à ses côtés. Elle percevait le monde entier par l'intermédiaire des signes. Pour elle, chaque événement avait un sens et une signification et était lié à tous les autres. Souvent, sa perception de la réalité semblait aléatoire et irrationnelle, car l'écart est mince entre le mysticisme et la folie. De temps en temps, je traversais le voile du monde normal illusoire pour entrer dans son monde. Et lorsque je le regardais à travers ses yeux, tout avait effectivement un sens. Je pouvais voir que des facteurs apparemment sans rapport les uns avec les autres menaient à un événement particulier, dont l'analyse dans le temps révélait des liens avec des signes l'ayant entouré *et même précédé*.

Quand j'étais adolescente, j'ai vécu une expérience de mort imminente traumatisante qui a ajouté foi à la validité des signes. Lorsque j'ai cru être morte, j'ai pénétré dans un monde où j'ai ressenti une profonde unité avec toute chose. Cette expérience a eu un tel impact sur moi que lorsque j'ai retrouvé la santé, j'ai eu envie d'explorer davantage les dimensions cachées de la vie. Mes voyages m'ont menée vers l'étude des traditions tribales des Amérindiens, y compris celles de ma propre tribu cherokee (je suis membre de la nation cherokee) ; j'ai également séjourné chez les Maoris, en Nouvelle-Zélande, les aborigènes d'Australie et les Zoulous du Bophuthatswana. Un *kahuna* hawaïen m'a enseigné les techniques anciennes de guérison, j'ai reçu une formation reiki (système japonais de canalisation de l'énergie) auprès de Hawayo Takata et organisé les premiers cours de reiki pour les Occidentaux ; j'ai appris et enseigné le shiatsu (une forme de massage japonais au moyen de l'acupression) et vécu dans un monastère zen bouddhiste durant quelques années. Chaque expérience a accentué mon respect à l'égard des prémonitions et des présages. Le présent ouvrage est basé sur mon observation des signes tout au long de ma vie.

Les nombreux exemples qui figurent dans ce livre proviennent de l'expérience de gens ayant participé à mes séminaires. Les conférences que j'ai données pendant plus de vingt-cinq ans, partout dans le monde, m'ont permis d'entendre des histoires personnelles assez remarquables. J'ai tenté de les relater avec précision, bien que quelques-unes aient dû être écourtées. Il est fort probable que certaines se soient enfouies dans les replis de ma mémoire au fil des ans. Comme je ne connais pas les noms de tous ceux qui m'ont raconté leur histoire, j'ai utilisé des pseudonymes dans certains cas et des prénoms tout au long du livre, par souci d'uniformité. Certains récits ont été modifiés afin de protéger l'anonymat des personnes me les ayant confiés.

Chacun de nous possède la capacité de lire les signes. Ce livre est destiné à vous aider à la regagner, afin que vous puissiez écouter le murmure de l'Univers et vous en inspirer à l'avenir et ainsi prendre les bonnes décisions pour vous et votre famille.

1 Qu'est-ce qu'un signe ?

Bien que les mots posent des limites à la compréhension, il est quand même possible de saisir en quoi consistent les signes grâce à la perception sous-jacente de leur dynamique et de leur symbolisme. Les signes captent les abstractions de la condition humaine et créent un pont entre le royaume des esprits et celui de la forme, tout en révélant le lien qui existe entre des objets en apparence différents. Ils peuvent aussi refléter nos sentiments et révéler nos peurs. L'étude des signes s'étend à travers les âges, et c'est donc dans leur contexte religieux, culturel et historique qu'on peut le mieux les comprendre, de même qu'en tenant compte de leurs origines et de la façon dont ils se manifestent dans notre vie. Les signes ont essentiellement deux fonctions. Parfois, ils sont porteurs de messages importants concernant les circonstances de la vie présente ou à venir, mais ils peuvent aussi indiquer où nous en sommes dans notre vie.

Les signes messagers

Les signes messagers peuvent apparaître dans les volutes de fumée d'une bougie, dans le discret murmure du vent, dans un rêve, ou provenir des milliers de tourbillons de conscience autour de vous. Ces signes transmettent des messages directs provenant de l'esprit. Ils peuvent vous guider dans votre cheminement spirituel ou vous mettre en garde contre des événements futurs. Ils peuvent également vous aider à mieux comprendre vos relations et les situations que vous vivez.

Un jour, au moment de partir de chez lui pour se rendre au travail, Rick constata que la porte avant était bloquée, et il dut l'enfoncer de tout son poids pour la dégager. Ensuite, le mécanisme automatique de la porte du garage ne fonctionnait plus, et il dut ouvrir celle-ci manuellement. De plus, la serrure de sa voiture était obstruée, et il eut du mal à ouvrir la portière. Réalisant que l'Univers tentait de lui passer un message, il resta assis quelques minutes dans sa voiture pour se mettre à l'écoute de son intuition. Il prit conscience que les signes lui intimaient de ne pas quitter la maison. Alors, il alla en faire le tour et vit que tout semblait normal. Toutefois, en entrant dans la salle de bains du sous-sol, il nota une légère odeur de fumée. Du papier hygiénique se trouvant à proximité d'une plinthe électrique avait commencé à se carboniser et aurait certainement pris feu si Rick ne s'en était pas aperçu. Il s'est donc rendu compte que ses difficultés pour quitter la maison l'avertissaient d'un danger.

Thomas était sur le point de s'associer pour acheter un bateau. Juste avant de signer l'entente, il rêva de son futur partenaire. L'homme avait l'air amical au premier abord, mais en y regardant de plus près, Thomas voyait qu'il portait un masque et que lorsqu'il le retirait, son vrai visage reflétait la malveillance. Thomas sut reconnaître que son rêve était un signe messager lui indiquant que les apparences étaient trompeuses et décida de ne pas s'associer. Dans les années qui suivirent, il s'avéra qu'il avait eu raison de se méfier.

Ces deux histoires sont des exemples de signes porteurs de messages. Ceux-ci vous entourent à chaque instant. Ils n'annoncent pas toujours de grands événements merveilleux pas plus que des catastrophes, mais ils sont là pour vous chuchoter des choses simples, comme « Aime-toi un peu plus aujourd'hui », « Rappelle-toi de payer la facture du gaz » ou « Tu es quelqu'un de formidable ». Apprendre à écouter ces petits messages peut rendre votre vie tellement plus douce et harmonieuse.

Les signes miroir

Parfois, les signes peuvent aussi vous situer par rapport à vous-même. Par exemple, les gens qui pensent que le monde est rempli de personnes seules et qui ne voient que cela partout où ils vont sont souvent des personnes très seules elles-mêmes, *même si elles n'en ont pas conscience.* Toute la solitude qu'elles perçoivent dans le monde extérieur est chaque fois le reflet de la leur. Ce dont vous avez conscience ne représente qu'une infime partie de ce qui se passe dans votre subconscient. Toutefois, les signes qui vous entourent fournissent des indices pour accéder à votre réalité profonde.

Sarah était assise sur un banc de parc pour prendre son déjeuner. Un vieux chien s'est approché d'elle et l'a regardée de ses grands yeux noirs. Sarah a été touchée et a partagé son sandwich avec le chien. Qui se ressemble s'assemble, et Sarah ressentait de la tristesse et de l'empathie pour le chien. Elle lui dit : « Pauvre bête, tu as l'air si misérable. Tout le monde profite de toi, n'est-ce pas ? » Un vieil homme vint ensuite s'asseoir sur le banc pour manger lui aussi. De la même façon, le chien s'approcha pour quêter un morceau. Le vieil homme lui dit :

« Viens ici, vieux frère. Tu es un battant, n'est-ce pas ? Tu sais y faire et personne n'aura jamais le dessus sur toi. C'est bien. » Sarah et le vieil homme s'identifiaient tous les deux au chien. Et dans les deux cas, celui-ci était un signe miroir. Le chien indiquait à Sarah qu'*elle* se sentait opprimée et que tout le monde profitait d'elle. Pour le vieil homme, qui avait été un rebelle toute sa vie, le chien reflétait *sa propre* attitude vindicative à l'égard du monde entier.

Un exemple plutôt triste d'un signe miroir est l'histoire d'une femme enceinte qui m'avait parlé d'un phénomène qui la laissait perplexe. Elle voyait sans cesse des animaux morts - un oiseau, une souris, un raton laveur - et souhaitait connaître la signification de ces signes. Je lui avais répondu qu'en général, lorsque la mort se manifeste dans un signe, cela indique le renouveau, voire une renaissance, car la vie doit prendre fin pour pouvoir recommencer, tout comme l'hiver précède le printemps. Cette réponse lui avait alors paru sensée, mais plus tard, elle m'écrivit que les médecins avaient découvert que son fœtus n'était pas viable, et cela, depuis longtemps. Les animaux morts qu'elle voyait reflétaient l'enfant mort qu'elle portait en elle. Cependant, elle a par ailleurs entrepris un nouveau cycle spirituel, après la mort de son bébé.

Les signes miroir signalent aussi parfois un processus émotif profond en train de se produire en vous. Si un vieux cycle karmique est sur le point de faire surface, il se manifestera d'abord sous forme de signe miroir. Les vieilles blessures de l'enfance prêtes à être soignées et guéries commenceront par apparaître dans votre vie sous forme de signes miroir.

Le père de Samantha avait quitté le foyer familial alors qu'elle était toute petite et n'était jamais revenu. Après avoir occulté le penchant naturel d'un enfant à faire le deuil d'un parent, elle avait plutôt choisi d'offrir du réconfort à sa mère et semblait gérer la situation très facilement. Elle ne se permettait jamais de se laisser aller au flot d'émotions que la perte de son père suscitait en elle. Parvenue à l'âge adulte, bien que les souvenirs de son enfance et de son père fussent bien enfouis dans les replis de sa mémoire, elle avait du mal dans ses relations sentimentales. Quand elle en établissait une, son compagnon la quittait peu après. Ce cycle de relation négative se répéta plusieurs fois, et elle ne parvenait pas à connaître l'amour vrai. Tout juste après avoir célébré ses trente-cinq ans, Samantha commença à voir et à entendre des choses qui lui rappelaient son passé. Par deux fois, elle aperçut dans la rue quelqu'un qui ressemblait trait pour trait à son père. Il semblait y avoir dans les médias une abondance d'articles et de documentaires ayant pour thème l'abandon des enfants par leurs parents. Partout où elle posait le regard, l'Univers lui donnait des signes stimulant le souvenir de l'abandon qu'elle avait elle-même subi. Ces signes lui signalaient que la douleur qu'elle avait enfouie profondément cherchait à faire surface pour être libérée. Constatant l'abondance de signes sollicitant ses souvenirs, Samantha entreprit une thérapie et parvint à guérir et à libérer sa peur de l'abandon. En moins d'un an, elle fut en mesure d'établir une relation amoureuse saine (et durable).

Les signes miroir sont très utiles, car ils permettent de prendre conscience de la réalité sous-jacente présente dans votre vie, qui mène à la sagesse et éventuellement à la paix intérieure. Il est important de libérer vos émotions subconscientes, car si vous ne le faites pas, elles sont susceptibles de générer la maladie et toutes sortes de soucis d'ordre physique et émotif.

Pourquoi les signes reflètent-ils vos croyances ?

Les réalités visibles qui vous entourent sont les symboles de votre monde invisible. Absolument tout autour de vous - chaque situation, chaque expérience - est rempli de signes relatifs à votre vie. Pour pouvoir saisir cela, il est utile de connaître la dynamique qui en est à l'origine. Afin de comprendre pourquoi les signes se manifestent, il est bon de savoir quelles sont vos croyances, puisque les signes dans votre vie proviennent de celles-ci. Une croyance est une pensée ou une perception que vous considérez comme une évidence ou une réalité. Les croyances ont un pouvoir immense. Elles déterminent votre façon de penser, vos sensations et votre comportement. En fait, elles décident de votre vie. Elles peuvent littéralement créer les circonstances de votre vie, et vos signes personnels proviennent directement de vos croyances.

Nous avons tous des croyances conscientes ou inconscientes au sujet de nous-mêmes et de notre vie, qui parfois se contredisent. Toutefois, celles qui dictent la qualité de vie sont de l'ordre du subconscient et en général si profondément ancrées que nous n'en avons même pas conscience. Elles affectent notre perception de la réalité de la même façon que du verre teinté ne permet qu'à certaines couleurs d'atteindre notre œil. Par exemple, un homme peut croire consciemment que les hommes et les femmes sont aussi capables les uns que les autres de conduire une voiture, mais *inconsciemment* penser que les hommes sont supérieurs à cette activité. Son conscient ne sait probablement pas ce que son subconscient pense. Mais il ne notera que les mauvaises conductrices afin de valider sa croyance subconsciente.

Notre programmation subconsciente dirige notre façon de percevoir le monde tout en suggérant aux autres la façon de nous percevoir. Cette programmation provient de la manière dont on s'adressait à nous dans l'enfance, de décisions prises dans des vies antérieures ainsi que de la conscience collective de la société dans laquelle nous vivons. Si vous ne connaissez pas vos croyances subconscientes, observez votre vie. Elle en constitue le reflet exact.

Peut-être avez-vous déjà entendu l'expression « Vous êtes ce que vous pensez ». Cela ne fait pas seulement référence à ce que vous *savez* que vous pensez, mais également à ce que vous *ne savez pas* que vous pensez (vos croyances inconscientes). Une petite fille à qui on répète qu'elle est maladroite illustre comment les croyances subconscientes commencent à prendre forme. Le sens critique de l'enfant n'est pas suffisamment développé pour qu'elle puisse rejeter cette programmation négative, et son subconscient accepte alors l'idée qu'elle est effectivement maladroite. La croyance d'être maladroite commence à faire partie de la réalité de la petite fille et celle-ci se met donc à croire qu'elle l'est. *Tout ce à quoi on s'attend a tendance à se produire*, et l'enfant grandit en étant maladroite. Cette programmation est tellement bien inscrite dans son esprit qu'elle fait désormais partie de sa personnalité. Lorsqu'une croyance inconsciente devient une partie de vous-même, cela ne ressemble pas à une décision ni à une croyance, mais plutôt à une réalité.

On peut comparer nos croyances fondamentales à la gravité terrestre. Celle-ci fait tellement partie de notre vie que nous n'avons pas conscience des kilos de pression qui s'exercent à chaque instant sur chaque centimètre carré de notre corps. La gravité fait tellement partie d'une réalité que nous tenons pour acquise que nous n'y pensons presque jamais. Les croyances fondamentales font tellement partie de notre vision de nous-mêmes et du monde que nous ne savons même plus que ce sont des croyances. Elles sont ancrées dans notre champ personnel d'énergie et se fondent constamment dans les formes du monde manifeste. Comme votre énergie émane de votre corps en vagues qui ondulent autour de vous, celle-ci projette vos croyances sur les autres. Les croyances agissent comme des aimants et attirent vers vous les gens et les situations qui correspondent à vos croyances subconscientes. Cela signifie que votre monde personnel est créé ou manifesté par les croyances profondes de votre subconscient.

Voici un exemple illustrant comment les croyances fondamentales fonctionnent. Si vous possédez dans votre champ personnel d'énergie la croyance inconsciente qu'on ne peut pas faire confiance aux autres, celle-ci émane constamment de vous, même si consciemment vous sentez que vous pouvez faire confiance. Les émanations de votre champ d'énergie attireront dans votre vie des gens auxquels vous ne pouvez pas faire confiance. Par conséquent, s'il se trouve constamment dans votre entourage ce genre de personnes, c'est généralement le signe soit de votre croyance inconsciente qu'on ne peut pas faire confiance aux autres, soit qu'on ne peut pas *vous* faire confiance, ou encore, plus probablement, que vous ne vous faites pas confiance.

Parfois, des gens essaient d'adopter de nouvelles croyances, mais cela est de courte durée, car, habituellement, le subconscient l'emporte. (Une méthode pour commencer à obliger votre subconscient à développer des croyances plus positives est expliquée au chapitre 3, « Vous entourer de signes ».) Les signes dans votre vie reflètent constamment vos croyances subconscientes à l'égard du monde qui vous entoure. Si vous désirez découvrir ce qui se passe dans les profondeurs de votre être, il vous suffit d'observer et d'écouter les signes autour de vous.

Pourquoi les signes reflètent-ils ce qui vous intéresse dans la vie ?

Les signes peuvent également vous aider à prendre conscience de ce qui vous intéresse dans la vie. Par exemple, si vous achetez une Volkswagen jaune, il se peut que vous en voyiez partout, alors que vous ne les remarquiez pas auparavant. Vous penserez peut-être même que ces voitures se vendent soudainement plus qu'avant, alors que c'est simplement parce que vous y portez davantage attention. L'univers qui vous entoure signale vos centres d'intérêt.

Nous habitons un secteur fréquenté, à Seattle. Notre maison est située tout près de la rue, et un jour, mon mari m'a signalé que 200 bus passaient devant, quotidiennement. J'ai été très étonnée, car nous vivions dans cette maison depuis deux ans et je n'avais jamais vu ni entendu passer un autobus. Autrement dit, même si de gros bus circulaient fréquemment devant chez moi, je n'y avais jamais prêté attention..., et cela, pendant deux ans ! Incroyable, mais vrai. À l'inverse, depuis que mon mari m'en a parlé, je les vois et je les entends constamment.

Pourquoi les signes peuvent-ils transmettre des messages du futur ?

Depuis les débuts de la civilisation, les gens reçoivent des signes précis au sujet de l'avenir. Des prédictions anciennes se sont réalisées, des rêves ont prédit correctement le futur et, tous les jours, des gens ont des prémonitions. Philosophes et scientifiques sont fascinés depuis des siècles par ces phénomènes. La compréhension de ces manifestations passe inévitablement par l'examen de la nature du temps. Dans la vie quotidienne, l'espace qui nous entoure se mesure en hauteur, en longueur et en largeur. Toutefois, Albert Einstein a découvert que l'espace et le temps étaient indissociables et qu'ensemble ils formaient ce qu'il a appelé le « continuum espace-temps ». Il a affirmé que le temps et l'espace étaient élastiques, qu'ils s'étiraient et se contractaient et pouvaient en fait se tordre pour former des courbes en quatre dimensions. C'est ainsi que le temps peut revenir en arrière. Bien que cela puisse sembler difficile à comprendre, c'est parfaitement logique en mathématiques avancées. Et pour les membres des cultures indigènes, la nature cyclique du temps est aussi naturelle que l'air qu'ils respirent.

Un exemple de la nature élastique du temps est le voyage inaugural fatal du *Titanic*, en 1912. Des analogies surprenantes ont existé entre le vrai *Titanic* et le paquebot fictif *Titan*, dont le naufrage fut décrit dans le roman *Futility*, par Morgan Robertson. Les similitudes sont étranges. Dans le livre, le *Titan* était un paquebot insubmersible pouvant transporter 3000 passagers (un nombre record), qui entrait en collision avec un iceberg au cours d'une croisière qui avait lieu en avril et dont le naufrage entraînait la mort de nombreuses personnes en raison du manque de canots de sauvetage. L'auteur avait écrit : « C'était le plus gros navire du monde… insubmersible, indestructible, qui ne transportait que le nombre minimum de canots de sauvetage requis par la loi… ». Or, c'est là le scénario exact qui se produisit en vrai, quatorze ans plus tard, pour le *Titanic*, qui coula au milieu de l'Atlantique. De plus, il existait de nombreuses similarités techniques entre les deux navires.

Morgan Robertson a été l'une des nombreuses personnes à anticiper le naufrage du *Titanic*. Malgré des thèmes communs, chacune avait perçu dans le signe un aspect différent du naufrage. L'esprit de chaque être étant unique, il se peut que lorsque des signes du futur se manifestent, ils soient perçus depuis des angles et des points de vue différents, de la même façon que les événements présents le sont.

Les signes porteurs de messages du futur peuvent être comparés à un chevauchement du temps ou à un repli dans le temps, qui comporterait une fenêtre sur l'avenir. Les scientifiques appellent ces fenêtres des « trous de ver cosmiques », par comparaison avec le ver qui prend un raccourci en se creusant un trou dans une pomme plutôt que de contourner celle-ci. Chaque fois que vous recevez un signe du futur, il y a une raison ; cela peut servir à vous préparer à un événement ou vous aider à éviter une catastrophe. Quelle qu'en soit la raison, il est important d'écouter les présages.

Les origines des signes

Les signes de la conscience collective

Les signes qui apparaissent dans votre vie proviennent de différentes sources. Certains tiennent leur origine dans ce qu'on appelle la « conscience collective ». C'est le célèbre psychanalyste suisse Carl Jung qui en a parlé le premier. Selon Jung, l'inconscient comprend deux parties : l'inconscient personnel, qui renferme les souvenirs de tout le vécu d'un individu, et l'inconscient collectif, qui contient toute l'histoire de l'humanité. Il a affirmé que l'inconscient renferme les couches superposées de tout le passé de l'humanité et que tous les êtres humains partagent cette conscience collective. Jung a basé sa croyance sur le fait que certains symboles sont universellement utilisés. De plus, une partie de sa preuve réside dans la répétition de certains symboles, dans les rêves et les dessins de ses patients. Jung croyait qu'à l'intérieur de la conscience collective, un nombre d'images primordiales ou « archétypes » prennent la forme de connaissances intuitives ou même de perceptions universelles. Il pensait que ces archétypes émergeaient surtout durant le sommeil, du fait que le conscient n'est alors pas sur ses gardes.

Certains des signes qui vous apparaissent peuvent effectivement provenir de la conscience collective. Par exemple, la croix est un symbole universel qui nous vient des temps les plus reculés. Elle a été le symbole de l'axe cosmique entre le ciel et la terre, de l'union des contraires et de tous les aspects de Dieu. La croix représente la convergence de toute existence sur les plans horizontaux et verticaux, ainsi que l'expansion tous azimuts qui témoigne de la vie éternelle. On a aussi pensé qu'elle représentait les quatre éléments qui forment le monde, uni dans le centre cosmique. Et, bien sûr, de nos jours, la croix représente Jésus, la vie et la résurrection. Par conséquent, si la croix vous apparaît en signe, c'est peut-être l'un des signes universels de la conscience collective qui nous unit les uns aux autres.

Lorsque des milliers de gens pendant des centaines d'années se concentrent sur un signe ou un symbole, celui-ci génère une énergie pure dans la conscience collective. Chaque fois que quelqu'un porte son attention sur un signe en particulier, il se branche sur la force créée au fil des années par tous ceux qui ont fait de même.

Les signes de votre culture, de votre société et de votre religion

Certains signes proviennent de votre culture, de la société dans laquelle vous vivez ou de la religion que vous pratiquez. Par exemple, dans certaines cultures, le chat noir porte malheur, tandis que dans d'autres, c'est l'inverse. Si vous vivez dans une culture où le chat noir annonce un malheur, il se peut qu'il vous arrive quelque chose après en avoir rencontré un, *même si vous n'êtes pas superstitieux,* simplement parce que vous êtes imprégné de la conscience collective culturelle de la société dans laquelle vous vivez. Les signes de votre culture peuvent vous apparaître, même si vous n'y croyez pas.

Les signes de vos origines ancestrales

Vos origines ancestrales peuvent être la source de vos signes personnels, *même si vous ne les connaissez pas.* Il est assez fréquent qu'une personne qui a été retirée de ses origines ou adoptée dans une nouvelle culture conserve un lien inconscient avec les signes de ses sources. Il est très utile de chercher vos signes ancestraux, car cela peut vous fournir des indices importants sur ceux qui se manifestent dans votre vie. Les ancêtres de chacun viennent tous de cultures indigènes où les signes servaient à dicter la façon de vivre.

John était né en Chine, mais avait été adopté par une famille missionnaire américaine. Élevé dans le Midwest des États-Unis, il avait toujours eu une affinité avec les sauterelles. Il les attrapait afin de pouvoir les observer de plus près. Au fil des ans, il les associa à la chance et en parla un jour à son père adoptif. Celui-ci lui répondit que c'était faux, car ces bestioles étaient plutôt des symboles d'irresponsabilité, d'imprévoyance et de paresse (son père confondait « cigale » et « sauterelle »). Après quoi il raconta à son fils la fable de la cigale et de la fourmi. Mais pour John, les sauterelles demeurèrent un signe de chance. Plus tard, il eut l'occasion de visiter la Chine et fut ravi de découvrir que là où il était né, les sauterelles étaient connues pour porter bonheur.

Il est bon d'examiner la façon dont les signes ancestraux sont utilisés dans d'autres cultures, car cela peut vous aider à comprendre les vôtres. Au cours de mes voyages à travers le monde, j'ai eu l'occasion de séjourner auprès de peuples indigènes et j'ai appris leurs signes. En Nouvelle-Zélande, j'ai été invitée à vivre dans un lieu de culte maori avec le peuple Teranaki. Au bout d'un certain temps, la tribu m'a adoptée à titre de membre honoraire. Le *tohunga* (chef spirituel et sorcier) de cette tribu est un homme remarquable du nom de Joseph Winterhawk Martin, qui a été formé dès l'enfance par les Anciens pour occuper le poste de chef de son peuple. Il a eu l'extrême gentillesse de m'enseigner certains signes de sa tribu.

Le hibou

« Lorsque le hibou vole au-dessus d'une maison le soir ou hulule trois fois, nous savons que c'est le signe qu'un être cher est décédé. S'il se pose sur le rebord d'une fenêtre ou sur un poteau ou une clôture à l'extérieur de la maison, nous lui disons "Si tu apportes une mauvaise nouvelle, va-t-en, et si c'est une bonne nouvelle, alors reste et parle-nous." »

Le vent

« Nous écoutons le son du vent, et cela nous annonce soit la maladie, la mort, la visite prochaine de quelqu'un, les changements et les humeurs de dame Nature, une bonne nouvelle, le changement des saisons et nos propres humeurs. »

Les nuages

« La forme des nuages peut nous révéler des choses sur nous-mêmes ou sur ceux qui nous entourent. »

L'eau

« Les fleuves, les rivières et les lacs en disent beaucoup, quand nous observons le flot de l'eau. L'humeur de l'eau, sa couleur et son flot sont sacrés pour notre peuple. »

L'arc-en-ciel

« Si un arc-en-ciel traverse la route devant nous, nous ne passerons pas dessous et stopperons notre voyage, car cela signifie qu'un danger nous attend.

« Si l'arc-en-ciel est coupé en deux, c'est que nous allons nous battre avec quelqu'un.

« S'il y a deux arcs-en-ciel, un de chaque côté de vous ou de votre voiture, ils représentent des gardiens qui vous protégeront durant le voyage.

« Lorsqu'un arc-en-ciel est tout blanc dans un ciel sans nuages, nous l'appelons « *Uanuku* » et cela annonce la visite du peuple de Tuhoe (des êtres magiques qui vivent dans la brume).

« S'il s'agit d'un petit arc-en-ciel coloré, c'est une grâce que nos ancêtres et le Créateur nous envoient. »

Le héron blanc

« Il s'agit de notre messager sacré. On dit qu'on ne l'aperçoit qu'une seule fois dans sa vie. Mais certains sont chanceux et voient le héron blanc plusieurs fois. Cet oiseau est de bon augure pour notre peuple. Ses plumes sont portées par les chefs ou une personne douée, comme une sainte. »

Les papillons de nuit

« Les papillons de nuit nous disent si la pêche sera bonne. »

Les requins

« Si nous sommes en mer et qu'un requin blanc apparaît près de nous, il signale que quelqu'un est dans l'eau et ne devrait pas y être ou qu'une femme a ses lunes (menstruations). Si la mer devient agitée, cela indique qu'il est temps de partir et de rentrer à la maison. »

Le lin

« Toucher la base d'un bosquet de lin nous indique le temps qu'il fera dans la journée. Les enfants faisaient cela pour leurs grands-mères, quotidiennement. Observer les insectes nous permet également de savoir rapidement si le temps va changer. »

J'ai par ailleurs eu la chance de séjourner chez un peuple zoulou du Bophuthatswana. Le très honorable Credo Mutwa, un *sangoma* (guérisseur et sorcier) très respecté a dit : « Notre vie et notre mort dépendent des présages. » Voici quelques signes auxquels les Zoulous d'aujourd'hui portent attention.

Les oiseaux

« Des oiseaux qui volent près de vous puis qui s'envolent vers la gauche ne sont pas de bon augure. Le Zoulou se dirigera alors dans l'autre sens. Deux oiseaux ou plus annoncent de la joie alors qu'un seul désigne le chagrin. »

Les pigeons

« Trois pigeons signalent que des invités viendront. Six pigeons qui volent sont le présage que vous tomberez amoureux ou serez embrassé. Sept pigeons qui volent annoncent une lettre ou un bon message. De très nombreux pigeons regroupés sont le signe d'un mariage prochain. »

L'aigle pêcheur

« Trouver un aigle pêcheur ou même ses plumes annonce un malheur. Il en va de même de tous les oiseaux mangeurs de poisson. C'est un présage de mort. Même leur cri est un signe fatal. »

La grue de paradis

« Cet oiseau est un signe de sacrifice de soi et d'héroïsme. »

Le hibou

« De bon augure pour les *sangomas,* mais mauvais signe aux yeux des gens ordinaires. C'est un oiseau mystérieux. Notre mère la terre a pour conseillers un aigle sur une épaule et un hibou sur l'autre, qui lui indiquent ce qu'elle doit dire à son peuple. Le hibou est associé à notre mère la terre. »

La corneille

« La corneille n'est pas un mauvais présage. Elle est synonyme de chance et représente le nettoyeur du monde. »

Le rhinocéros

« Si un rhinocéros croise votre chemin, la vie joue contre vous, mais s'il va dans la même direction, alors votre voyage est béni par le Grand Esprit. »

Marcher

« Si vous allez marcher et que les gens ne vous saluent pas, c'est le signe que vous devez vous purifier. »

En plus de me confier certains signes de sa tribu, Credo m'a également dit que son peuple s'était toujours servi des signes pour prédire l'avenir. Il m'a donné quelques exemples d'anciennes prophéties zouloues qui se sont réalisées :

L'invention du téléphone

« Les gens parleront dans un fil plus fin que le collier de la reine. »

Les tanks, bombardiers et sous-marins de la Première et de la Seconde Guerre mondiale

« Il y aura de grandes guerres avec des éléphants de métal dont les trompes sèmeront la mort, des oiseaux de métal laisseront tomber des œufs de mort… et des canots de métal avanceront sous l'eau. »

Les mères porteuses

« Des femmes seront enceintes d'enfants qui ne sont pas les leurs. »

L'analyse de l'ADN

« Vous examinerez un morceau de peau et pourrez y voir la mère et le père. »

La transplantation cardiaque

« Le cœur d'un babouin battra dans un être humain. »

Ken Colbung, (*Nundjan Djiridjakin*), chef spirituel et grand chef de clan mâle de la tribu aborigène australienne Bibulmun, m'a généreusement transmis quelques renseignements au sujet des signes. Ken m'a dit que la vie des aborigènes est gouvernée par les signes. Bien qu'ils en possèdent plusieurs dans le monde naturel, l'un de leurs signes universels est le Willy Bergeronnette (*djitti djitti*), qui représente le premier messager des dieux. Ils observent ce que l'oiseau fait pour savoir ce que les dieux disent.

Ken m'a par ailleurs expliqué que les aborigènes se servent des signes pour communiquer entre eux, car ils habitent souvent très loin les uns des autres. Les signes sont une sorte de téléphone télépathique. Ils cessent alors toute activité pour écouter le message. Exemples : « Je suis malade, viens me voir » ou « Mon oncle a reçu un coup de lance et a besoin de ton aide ».

Voici quelques signes aborigènes qui indiquent que quelqu'un pense à vous ou tente de vous joindre :

« Le sifflement ou le tintement dans les oreilles signifie qu'un frère aîné ou une autorité du clan pense à vous ou essaie de vous joindre ; un élancement dans le bras signale vos parents ; un pincement au cœur signale le frère de votre mère ; un élancement dans l'aine ou la cuisse signale votre mari ou votre femme et, dans le mollet, il signifie qu'une sœur ou un frère aîné pense à vous. Par ailleurs, le craquement du nez peut annoncer un visiteur ou un grand événement. »

Bien que les signes exacts varient de l'une à l'autre à travers le monde, presque toutes les tribus saisissent les messages en écoutant le vent, en observant les nuages et le flot de l'eau. Certains signes tribaux sont basés sur le sens pratique (exemple : « Si vous voyez un requin, cela indique que vous devez sortir de l'eau »), tandis que d'autres sont de type très régional (exemple : croiser un rhinocéros). Bien que les signes varient et que le même signe puisse avoir une signification différente d'une culture à l'autre, l'importance qui y est accordée dans les cultures indigènes est toutefois la même dans le monde entier.

Les signes provenant de votre famille et de votre vécu personnel

Certains signes peuvent provenir de votre propre famille et même de parents éloignés, parfois après avoir sauté des générations.

Certains de vos signes apparaîtront directement en raison de votre vécu personnel. Si vous avez frôlé la mort en tombant d'un cheval quand vous étiez enfant, les chevaux représenteront peut-être un signe de danger pour vous. Par conséquent, chaque fois que vous serez en danger, votre moi intérieur vous mettra peut-être en contact avec des images de chevaux pour vous alerter. En revanche, quelqu'un d'autre associera les chevaux à la force, la grâce ou la liberté.

Les signes provenant de souvenirs d'une vie antérieure

Toutes les expériences que vous avez vécues dans des vies antérieures sont inscrites dans votre subconscient, y compris des souvenirs inconscients de signes qui étaient importants pour vous. Par exemple, dans la plupart des cultures, l'arc-en-ciel est un beau signe. Or, dans certaines cultures africaines, il n'est pas de bon augure, car il peut annoncer la fin de la saison des pluies et le début de la sécheresse. Donc, si vous avez déjà vécu dans une tribu africaine possédant cette croyance, il vous restera peut-être le souvenir de l'arc-en-ciel annonçant la fin d'une période fertile et abondante. Par conséquent, dans votre vie actuelle, ce signe pourrait sembler vous annoncer une période de vaches maigres, alors que pour presque tout le monde, c'est un beau signe. Voilà pourquoi il est utile d'explorer vos vies antérieures pour découvrir quels signes avaient de l'importance pour vous.

Les signes de votre conscience périphérique

Parfois, vos signes refléteront votre conscience périphérique. Cela signifie qu'il se passe constamment des choses autour de vous dont vous n'avez pas conscience mais que votre subconscient enregistre. L'information vous est souvent transmise par la suite sous forme de signes.

Sandy s'était arrêtée dans une station-service ouverte toute la nuit pour acheter une tablette de chocolat. Après avoir étudié tard en vue d'un examen, elle avait envie de quelque chose de sucré. En entrant dans le petit commerce, elle trébucha sur une cannette et, en se penchant pour la ramasser, elle aperçut le symbole d'un crâne et d'os croisés signalant qu'elle avait entre les mains un insecticide poison.

Cette image lui fit une telle impression qu'elle ressentit un malaise et quitta aussitôt le magasin sans acheter de chocolat. Le lendemain, elle lut dans les journaux qu'un hold-up avait eu lieu dans la petite épicerie presque en même temps qu'elle s'y trouvait. Bien qu'elle n'ait pas été consciente de la présence du voleur dans le magasin, son subconscient avait perçu le danger et avait poussé Sandy à cogner le pied dans une cannette de poison portant un symbole de danger afin qu'elle réagisse à temps.

Les signes provenant des anges, des guides et du royaume des esprits

Les signes les plus extraordinaires que nous recevons proviennent de nos guides, de nos anges gardiens et du royaume des esprits. Ces signes se passent de définition. Ils viennent d'un lieu qui se situe au-delà de la conscience collective, de votre culture, de vos ancêtres et de votre passé. Ils touchent votre âme tout en douceur en répandant leur influence en cercles concentriques. Ce sont des signes divins.

Il existe de nombreuses références à ces signes divins dans la Bible. Dans la Genèse 9, 11-13, Dieu a dit : « Je confirmerai mon alliance avec vous, nulle chair désormais ne périra par les eaux du déluge ; nul déluge désormais ne désolera la terre (...) J'ai (Dieu qui parle) placé mon arc dans la nuée, et il deviendra un signe d'alliance entre moi et la terre. » Ce verset de la Bible (version révisée) réfère au concept de l'arc-en-ciel comme un signe de Dieu promettant que la terre ne sera jamais détruite par un déluge.

Les signes divins sont réels. Les anges le sont aussi. Les guides sont réels, de même que le royaume des esprits. Le temps est venu où ce royaume se manifestera à l'humanité. Depuis les archanges jusqu'à votre ange gardien, qui est votre ami personnel et votre réconfort, jusqu'à vos guides et aux chérubins qui apportent la joie et le rire, tous sont en train de relier notre réalité physique à leur énergie spirituelle pure. Il existe des moyens de savoir quand il s'agit de signes provenant du ciel plutôt que d'une autre source. En effet, il arrive souvent qu'au même moment, une sensation de chaleur se répande dans tout le corps et qu'elle s'accompagne d'une infusion d'amour. Quand un signe divin apparaît, les couleurs semblent parfois plus généreuses et plus vives, comme imprégnées de lumière. De plus, il arrive souvent qu'une « certitude » se révèle au même moment, qui vous dit que votre vie se déroule exactement comme prévu, que vous êtes guidé et parfait tel que vous êtes. Ces signes célestes se produisent sous plusieurs formes et ils représentent des carrefours importants de votre vie.

2 Comment les signes se manifestent dans votre vie

Les signes sont constamment présents autour de vous et se manifestent sous toutes sortes de formes. En fait, il n'existe pas de moments où vous n'êtes pas entouré de signes. Bien que la plupart soient visuels, ils peuvent aussi se présenter sous forme d'odeurs, de sons ou de sensations, ou apparaître comme une impression, une intuition, ou même en rêve. Pour ceux qui grandissent dans des cultures autochtones, les signes apparaissent généralement sous des formes naturelles, comme dans les nuages ou les mouvements des animaux, mais pour les Occidentaux, les signes se manifestent sous des formes artificielles aussi bien que naturelles. Voici un certain nombre de façons dont les signes sont susceptibles de vous apparaître.

Par personnes interposées

Tout ce qui vous entoure renferme de l'énergie, et cette énergie réagit à nos attentes. Chaque fois que vous projetez, consciemment ou inconsciemment, une question ou un souci dans l'Univers, les gens qui croisent votre chemin auront un signe ou un message à votre intention. Parfois, des personnes surgissent mystérieusement dans votre vie pour vous donner une réponse. Chacune d'elles a une raison de croiser votre route. Autrement, vous ne pourriez pas la voir, puisqu'elle aurait pris un autre chemin. Toutefois, nous n'entendons pas toujours les messages que ces personnes ont à nous transmettre, parce que nous n'écoutons pas ce qu'elles disent. Lorsque quelqu'un nous parle, nous pensons souvent à ce que nous allons dire plutôt que de véritablement écouter. Sous la surface, chaque conversation renferme pourtant un potentiel de sens profond. Derrière les mots se cachent des signes puissants et personnels.

Si vous vous arrêtez à écouter vraiment les gens qui croisent votre chemin, vous entendrez une remarquable sagesse et obtiendrez peut-être des réponses susceptibles de transformer votre vie. Même les conversations anodines avec des étrangers, comme à l'arrêt d'un bus, peuvent contenir des messages étonnants. Car il existe deux univers parallèles : l'univers concret et l'univers mystique. Bien que ces réalités puissent sembler pareilles, si vous transférez votre attention de la réalité ordinaire à l'autre, qui ne l'est pas (comme lorsque vous calmez votre esprit et écoutez vraiment la personne en face de vous), vous pouvez en retirer une grande sagesse.

N'importe qui peut passer d'une réalité à l'autre, simplement en écoutant consciemment. Lorsqu'une personne parle, écoutez-la... sans penser à ce que vous direz ensuite. Ne perdez pas de temps à ressasser le passé ou à songer à l'avenir. Contentez-vous d'écouter. Soyez dans l'instant présent, ici, maintenant. Vous pouvez aller très loin en adoptant cette attitude, car, si vous écoutez attentivement quelqu'un, au bout d'un moment vous commencerez à capter des signes, des vérités intérieures et des messages personnels à travers les mots que vous entendrez.

Charley était parti de Londres vers l'île de Wight en commençant par un long trajet en train jusqu'à Portsmouth, d'où il devait prendre le ferry. Il était fatigué et espérait une place tranquille dans le train. Il était donc content d'en trouver une. Toutefois, juste avant que le train ne s'ébranle de la gare Victoria, un gros monsieur essoufflé descendit l'allée et vint s'installer à côté de lui. Charley baissa les yeux et détourna la tête.

Dès que le train fut en marche, l'homme se mit à parler de choses et d'autres. Charley se sentit de plus en plus irrité. Puis, il se rappela la phrase « Il n'y a pas de hasards » et aussi « Chaque personne que vous rencontrez a un message pour vous ». Alors, plutôt que de se laisser envahir par la contrariété et la méfiance, il apaisa son esprit et commença à écouter son voisin. Dès que Charley se mit vraiment à l'écoute, la conversation passa de la politique à l'agriculture. L'homme parla de son enfance passée sur une ferme et fit l'éloge du travail de la terre. Il répétait : « Si vous nourrissez la terre, la terre vous nourrira. » Charley fut très surpris, car son père, qui était fermier, utilisait la même expression. Après avoir grandi dans la petite ferme familiale, Charley était parti travailler en ville, à l'âge de dix-huit ans. Son père aurait souhaité qu'il prenne la relève, mais le fils n'en avait pas envie, car il percevait l'agriculture comme un métier difficile et peu gratifiant. Charley avait maintenant quarante-cinq ans, son père venait de mourir et lui avait légué la ferme, qu'il s'apprêtait d'ailleurs à vendre prochainement.

En écoutant les paroles apparemment sans importance de son compagnon de voyage, Charley fut inondé de merveilleux souvenirs de sa vie sur la ferme quand il était jeune homme. Oui, le travail était dur, mais riche de sens aussi ; ce sens qu'il avait perdu depuis qu'il avait déménagé en ville. Lorsque le monsieur descendit du train, Charley resta immobile dans le silence. Il sentit une certitude au sujet de la voie à suivre, qui prenait forme en lui. À ce moment, dans le train qui l'amenait à l'île de Wight, il prit la décision de ne pas vendre la ferme de son père, de quitter son emploi en ville et de devenir fermier. Et il n'a jamais regretté sa décision. Charley avait pris le temps d'écouter consciemment les signes et fut en mesure d'entendre et de capter les messages qui lui étaient adressés.

L'Univers réagit à nos désirs secrets en mettant mystérieusement sur notre chemin des personnes qui répondent à nos questions et nous aident à résoudre nos conflits intérieurs. Chaque fois que vous écoutez votre intuition, votre vibration personnelle s'intensifie. Un peu comme lorsqu'on augmente le volume de la chaîne stéréo. Plus votre vibration personnelle prend de l'ampleur, plus vous attirez des gens dans votre vie qui ont des messages à vous transmettre. C'est une loi universelle.

Les gens de votre entourage peuvent également représenter des relations que vous devez régler. Si quelqu'un entre dans votre vie, qui ressemble beaucoup à une personne avec laquelle vous avez eu des difficultés dans le passé, ce peut être le signe qu'il est temps de résoudre cette ancienne relation, soit au moyen d'une thérapie, soit en communiquant avec elle. Parfois, un ancien lien est trop douloureux à régler en personne, surtout s'il s'agit de quelqu'un de complexe ou avec qui il est difficile de communiquer, ou encore si la personne est décédée. Toutefois, lorsque quelqu'un ressemble ou agit exactement comme une personne qui vous a fait souffrir dans le passé (mis à part qu'il est doux et gentil, etc.), c'est le signe que votre vieille relation est en voie de guérison. L'ancienne relation non réglée y gagne, lorsque de nouveaux schèmes émotifs se créent avec la nouvelle personne semblable à l'autre. Lorsque vous êtes capable de développer une relation positive avec l'individu qui ressemble à l'autre, cela vous permet de vous débarrasser de l'énergie négative qui existait entre vous et l'ancienne personne.

Chaque fois que vous pensez à quelqu'un, c'est souvent le signe de l'appeler ou de communiquer avec lui. En adoptant cette habitude, vous serez surpris de constater le nombre de fois que cette personne aura un message pour vous ou aura pensé à vous. Même si vous ne savez pas toujours pourquoi il faut communiquer avec cette personne, plus vous suivrez votre intuition, plus vous vous sentirez en équilibre et en harmonie.

Arnold marchait dans Central Park, à New York, quand il croisa quelqu'un qui ressemblait beaucoup à Léonard, un ancien camarade de classe qu'il avait connu trente ans auparavant. Il y vit le signe de communiquer avec lui, après l'avoir perdu de vue toutes ces années. Lorsqu'il réussit à le joindre, Léonard lui répondit : « Salut ! Je suis vraiment content de t'entendre. J'ai essayé de te trouver pour t'informer qu'une réunion des anciens aura lieu dans quelques mois et que tout le monde souhaite que tu y sois. Merci d'avoir appelé. » En écoutant les signes, Arnold fut en mesure de reprendre contact avec de bons et précieux amis.

Les conversations

Les conversations des autres et même celles que vous avez vous-même comptent parmi les sources les plus puissantes de signes. Si vous prenez le temps d'écouter vraiment ce qui se dit autour de vous, vous commencerez à entendre les messages personnels les plus remarquables.

Les conversations des autres

Souvent, les signes apparaissent dans les conversations que vous entendez par hasard. Carol attendait en ligne à l'épicerie quand elle entendit deux femmes devant elle parler de protubérances sur les pneus et du risque d'éclatement sur la route. Carol n'avait jamais examiné les pneus de sa voiture et n'y avait jamais même prêté attention, mais après avoir entendu les dames en parler, elle y jeta un coup d'œil en sortant de l'épicerie et fut renversée de constater une grosse protubérance sur l'un des pneus avant. Elle se rendit directement chez un garagiste, qui lui dit qu'elle avait eu de la chance de s'en rendre compte. Le pneu était si mince qu'il aurait facilement pu éclater et causer un grave accident.

Les conversations anodines

Parfois, les signes peuvent apparaître dans nos propres conversations. Josh parlait avec un vieil ami de l'université qu'il n'avait pas vu depuis longtemps, et le sujet de l'escalade de montagnes vint sur le tapis. Sans réfléchir, Josh déclara : « J'ai décidé de faire de l'escalade. » Il fut surpris de s'entendre dire cela, car, jusque-là, il n'y avait même jamais songé. Il décida alors de suivre le conseil de son subconscient et de s'inscrire à un cours d'escalade de montagnes, et devint par la suite amateur dans le domaine.

Les signes peuvent également se présenter dans les propos des autres. Sharma se trouvait à un dîner et restait sagement assise sans dire un mot. Elle ne participait pas à la conversation, préoccupée par une grave décision à prendre. Non seulement elle n'était pas engagée sur le plan sentimental, mais elle avait quarante ans et… était enceinte. Personne ne le savait, sauf son médecin, qui la pressait d'envisager un avortement à cause des risques pour elle et le bébé. Curieusement, le sujet de la grossesse chez les femmes de plus de quarante ans fut abordé. Bien que Sharma fut absente de la conversation, les nombreux commentaires positifs échangés l'incitèrent à garder l'enfant, car elle y vit un signe. Sa grossesse se déroula très bien et elle est maintenant l'heureuse maman d'un beau garçon en santé.

À chaque moment, dans notre entourage, il se passe plus de choses que notre conscient ne peut en absorber. À un niveau plus profond, nous percevons inconsciemment les pensées, les sensations et l'énergie de ceux qui nous entourent. Nos conversations reflètent souvent le dialogue silencieux des pensées des autres. Par exemple, en Afrique du Sud, où je donnais un cours menant à l'obtention d'un diplôme, je voulais m'assurer de l'exactitude de tous les noms avant de les inscrire sur les certificats et j'ai dit : « Veuillez nous donner votre nom exact. Je sais que vous êtes déjà inscrits, mais, par exemple, si vous vous appelez Louise et que vous songez à le changer pour Marie-Louise, dites-le-nous, afin qu'il figure comme tel sur votre diplôme. » J'avais pris mon exemple au hasard. Et pourtant, durant la pause, une dame vint me voir et se présenta. Elle s'appelait Louise et me dit qu'au moment où je parlais de changement de prénom, elle avait justement songé à changer le sien pour Marie-Louise. Mon commentaire était donc le reflet de la pensée de quelqu'un d'autre. Même des remarques qui semblent faites au hasard peuvent être la réponse à des dialogues intérieurs invisibles chez d'autres. De la même façon, les conversations de ceux qui nous entourent recèlent parfois la réponse à *vos* pensées et à *vos* besoins.

Les lapsus

Un autre aspect de la conversation susceptible de manifester des signes est le lapsus, ou ce qu'on appelle communément le « lapsus freudien », d'après le célèbre psychanalyste qui a affirmé que les lapsus ne se produisent pas accidentellement. Cela peut arriver dans vos propres conversations aussi bien que dans celles des autres. Soyez particulièrement attentif, lorsque vous (ou quelqu'un d'autre) employez involontairement un mot pour un autre.

George était courtier en valeurs mobilières et traversait une période très difficile financièrement. Il songeait à tout quitter. Un après-midi, il assistait à une partie de balle molle où son fils jouait et il criait pour l'encourager. Mais chaque fois qu'il voulait crier : « Attention à la balle ! », il criait : « Attention à la malle ! » à la place. Il ne s'en rendait pas compte, mais sa femme le lui fit remarquer. George réalisa alors que sa langue qui fourchait lui indiquait qu'il devait surveiller le marché de plus près, car les actions grimpaient et ce n'était pas le moment de se faire la malle. Il m'a dit que ce signe l'avait aidé à prendre dans les jours suivants des décisions qui lui permirent de surmonter ses ennuis financiers plutôt que de tout quitter.

Les expressions

Les expressions que vous utilisez dans la conversation quotidienne peuvent renfermer des signes. Carole disait souvent : « Je ne le supporte pas. » Il est intéressant de noter que Carole avait des problèmes de dos et le fait de répéter le mot *supporter* était un signe qu'elle avait des difficultés à *se supporter* physiquement. Par ailleurs, elle avait également du mal à *prendre position* dans la vie. Dès qu'elle réalisa ce que son expression lui disait, elle commença à régler ses maux de dos de même qu'à modifier son *attitude* envers les autres.

Il est aussi important de prêter attention aux expressions que vous utilisez moins souvent, car celles qui surgissent spontanément sont des signes intéressants. Teresa participait à une conversation animée quand elle déclara : « Cela va sans dire. » Elle utilisait rarement cette expression. Toutefois, après l'avoir dite, elle se rendit compte que c'était le signe qu'elle ne disait pas vraiment ce qu'elle voulait dire. Elle prit donc une minute pour réunir ses idées, puis exprima ce qu'elle souhaitait exprimer en réalité.

Après un voyage en Asie, Marvin se mit à utiliser fréquemment l'expression « Il y avait de quoi vomir », quand il faisait référence à certaines situations. Il n'aurait habituellement pas établi de lien entre cette expression et sa vie, sauf qu'il découvrit, lors d'une visite chez le médecin, qu'il avait attrapé des parasites au cours de ses voyages. Il se rendit compte que son subconscient cherchait à l'informer que son système digestif était infesté.

Les expressions que vous utilisez comportent souvent des signes personnels importants. Quelqu'un qui répète souvent : « Cela me purge » a peut-être des ennuis intestinaux. Quand on dit : « Je ne peux pas l'avaler », il se peut que ce soit un signe de mauvaise digestion. Si on dit : « J'ai failli en mourir » ou « J'en ai plus qu'assez », cela peut inconsciemment exprimer le désir de mourir. L'expression « Cela m'irrite, quand... » peut être associée à une irritation de la peau.

Les pensées fugaces

Les signes s'infiltrent puissamment dans votre conscience par l'intermédiaire de pensées qui semblent venir de nulle part. Ces pensées qui vous effleurent quelques secondes pour s'envoler aussitôt renferment souvent la clé de dilemmes intérieurs. De temps en temps, examinez une de ces pensées fugaces, pour voir si elle contient un message secret à votre intention.

Chuck m'a raconté son histoire. Il vivait au bord de l'océan, sur la côte est des États-Unis, et avait l'habitude de faire une longue promenade sur la plage avant le dîner. Un soir, par un magnifique coucher de soleil, il se rappela soudain le cours de la Croix-Rouge qu'il avait suivi des années auparavant. Pour aucune raison en particulier, il visualisa la technique de réanimation cardiorespiratoire qu'il avait apprise.

Nous avons tous des milliers de pensées fugaces tous les jours, que nous écartons habituellement en une seconde. Charles fit pour sa part une expérience au retour de sa promenade qui accrédita l'idée que la pensée de son cours de RCR semblant venir de nulle part était en fait un signe. Rendu à quelques pâtés de maisons de chez lui, il aperçut une vieille dame s'écrouler sans connaissance, apparemment en arrêt cardiaque. Sans la moindre hésitation, Charles se précipita à son chevet et pratiqua le RCR et comprit que d'y avoir pensé au cours de sa promenade l'avait préparé à ce qui allait se produire. Les ambulanciers qui arrivèrent quelques minutes plus tard affirmèrent que son intervention avait probablement sauvé la vie de la dame.

Les émotions

Les émotions sont grandes porteuses de messages (surtout pour ceux qui sont en contact avec leur senti). Vos émotions peuvent renfermer des signes porteurs de renseignements importants. Anita s'apprêtait à partir en croisière pour la première fois de sa vie. Elle avait économisé pendant deux ans et demi pour payer ce voyage, et pourtant plus la date approchait, plus elle était nerveuse. Elle avait beau chercher une raison valable à son anxiété, elle n'en trouvait pas, même après avoir examiné tous les aspects éventuellement problématiques de son voyage. Au bout du compte, son angoisse devint si forte qu'elle décida que c'était un signe que le moment était mal choisi pour faire cette croisière et elle en choisit une autre à la place. Dès qu'elle eut effectué le changement, ses sentiments négatifs ont complètement disparu.

Anita était en mer, dans sa nouvelle croisière, depuis une journée seulement quand elle rencontra un homme à la piscine. À la fin du voyage, leur amitié du début s'était transformée en une belle histoire d'amour et ils se fiancèrent dans les mois qui suivirent. Anita fut ravie d'avoir écouté les signes, car elle est maintenant mariée et heureuse.

Parfois, les émotions que l'on ressent sont en fait celles de quelqu'un d'autre. Si vous vous trouvez au même endroit qu'une autre personne ressentant une forte émotion, il se peut que vous la ressentiez, *même sans avoir conscience de la présence de cette personne*. Il se peut même que *vous pensiez que cette émotion est la vôtre*. Les sentiments projetés par quelqu'un d'autre peuvent sembler vous appartenir. Par exemple, Léa se trouvait chez le dentiste en train de lire un magazine quand elle se sentit soudain inexplicablement triste. Elle se dit qu'il devait y avoir une raison. Elle fouilla donc dans sa mémoire jusqu'à ce qu'elle trouve un incident malheureux. Elle se rappela une époque de son enfance où son père était parti en voyage sans dire au revoir. Plus elle ressassait ce souvenir, plus elle se sentait triste, mais lorsqu'elle entra dans le cabinet dentaire, sa tristesse s'estompa rapidement. En partant, elle entendit l'une des assistantes parler de la patiente qui se trouvait dans la salle d'attente avec elle. Le mari de celle-ci devait partir pour une longue mission militaire et la dame se sentait très triste. Léa n'avait pas eu conscience de la présence de l'autre patiente, mais avait ressenti ses émotions et les avait confondues avec les siennes.

L'arrivée et le départ inexplicable d'une émotion peut être le signe que quelqu'un près de vous la vit. Bien entendu, vous ne la ressentirez que dans la mesure où elle a un lien avec vous. Les émotions des autres ne vous atteindront que si elles ont quelque chose à quoi se rattacher en vous (une expérience similaire, par exemple).

Sheena guidait une séance de méditation dans une salle obscure quand elle commença à se sentir très en colère. Elle se mit à penser à la négligence du préposé qui avait garé sa voiture dans le garage, la veille. Elle sentait la colère monter au point que cela troublait sa concentration. Puis, soudain, sa colère disparut. Sheena se demanda pourquoi cela venait de susciter un sentiment si vif en elle alors qu'elle n'avait ressenti qu'une légère irritation lorsque c'était arrivé. Plus tard, à la pause, quelqu'un vint l'informer que, tandis qu'elle dirigeait la méditation, un homme était entré derrière elle (elle n'en avait pas eu connaissance), très en colère d'avoir été coincé dans la circulation, et était reparti peu après. Sheena avait intuitivement ressenti la colère du monsieur, l'avait confondue avec la sienne et trouvé sur quoi l'appuyer. Elle n'aurait rien ressenti, si son champ d'énergie n'avait pas recelé un peu de colère. Quand vous ressentez une émotion, prenez le temps de regarder en vous pour voir s'il s'agit d'un signe que vous êtes branché sur les sentiments de quelqu'un d'autre.

Bien sûr, les émotions peuvent provenir de diverses sources et elles signalent parfois une résistance à votre épanouissement personnel et à votre croissance intérieure. Par exemple, une personne qui a du mal à prendre des engagements dans la vie peut craindre de s'engager sentimentalement. Dans ce cas, les émotions ne sont pas nécessairement le signe d'éviter l'engagement, mais plutôt l'indication d'un blocage à surmonter. Les émotions peuvent par ailleurs signaler la répétition d'un vieux schéma psychologique. C'est le cas, par exemple, d'une personne qui a peur dès qu'elle aperçoit la plus minuscule araignée parce qu'elle les craint depuis l'enfance. Il y a néanmoins des moments où vos émotions *vous* transmettent effectivement des signes ou des messages provenant de votre sagesse intérieure, et d'autres qui reflètent les émotions d'autres personnes. Surveillez les signes de l'univers qui vous entoure.

Les jugements

À l'occasion, les jugements que nous portons sur les autres sont des signes précis qui nous sont adressés. À la fin de mes conférences, les gens viennent souvent me parler et je reçois généralement de nombreux commentaires. Il est toujours intéressant de constater que ces commentaires reflètent les personnes qui les font. Par exemple, une femme est un jour venue vers moi et m'a dit : « Oh, ma pauvre chérie, vous semblez tellement fatiguée. Vous devriez rentrer chez vous et vous reposer. » Cette dame avait les épaules affaissées et chaque mot semblait lui demander un effort. Elle avait l'air complètement épuisée. En revanche, un homme vint me dire : « Wow ! Comment faites-vous ?

Je n'ai jamais vu quelqu'un dégager autant de vitalité et d'énergie ! C'est renversant ! » Or, cet homme dégageait lui-même énormément de vigueur et de dynamisme. J'observe le même phénomène à chacune de mes conférences. Chaque fois, les jugements que les gens portent sur moi et le séminaire que je donne sont en réalité des signes ou des messages de leur subconscient reflétant leur réalité personnelle.

Si vous jugez que les gens que vous rencontrez sont habituellement en colère (même si vous vous sentez calme et en paix), c'est un signe qu'il subsiste un ressentiment non résolu en vous. Si vous percevez que les gens autour de vous sont gentils et empathiques (même si vous n'éprouvez pas vous-même tellement de compassion pour les autres), c'est généralement le signe que vous émanez inconsciemment de la douceur. Je connais un homme qui se plaint constamment que tout le monde lui ment. Pourtant, tous ceux qui le connaissent s'accordent à dire qu'on ne peut jamais être sûr qu'il dit la vérité. Le jugement qu'il porte sur les autres est en fait un signe de sa propre réalité.

Une autre façon d'utiliser les jugements pour décrypter les signes consiste à surveiller celui que *vous* pensez que les autres portent sur vous. Velma se trouvait dans un stationnement et jeta l'enveloppe de sa friandise par la fenêtre de sa voiture. Du coin de l'œil, elle crut qu'un homme l'avait vue faire. Alors, elle sortit de son véhicule et ramassa le papier pour le mettre à la poubelle en expliquant au monsieur que quelqu'un avait dû le laisser tomber, mais sa réaction lui permit de comprendre qu'il n'avait en fait absolument rien vu. Velma avait fait de la projection.

Ce que vous croyez que les autres pensent de vous peut souvent clairement indiquer ce que *vous* pensez de vous-même. Si vous croyez que quelqu'un n'aime pas un certain aspect de votre personnalité, ce pourrait être effectivement le cas, mais il peut aussi s'agir d'un jugement que vous portez sur vous-même.

Eric donnait une conférence et s'apprêtait à entamer un sujet controversé. Au même moment, une femme assise au premier rang se mit à hocher la tête comme pour dire : « Non, Eric. Ce n'est pas le moment de parler de cela maintenant. » Il crut qu'elle portait un jugement négatif sur l'orientation que ses propos allaient prendre. Après une brève réflexion, Eric réalisa qu'elle avait raison. Ce n'était pas le moment d'aborder ce sujet. Plus tard, il alla la remercier de l'avoir poussé à changer de sujet, mais elle sembla surprise. Alors, Eric lui dit : « Mais vous faisiez signe que non de la tête », et elle répondit : « Ah, mais c'était à cause de mes boucles d'oreille. Quand je bouge la tête, je peux entendre les clochettes tinter. » Le jugement qu'Eric avait perçu était en fait un signe qu'il devait modifier le cours de sa conférence.

La vision périphérique

Avez-vous déjà fait l'expérience d'avoir cru apercevoir quelque chose pour ensuite vous rendre compte qu'il s'agissait d'autre chose ou même de rien, en fait ? C'est souvent ainsi que votre moi supérieur veut attirer votre attention.

Martina se trouvait dans un centre commercial quand elle crut apercevoir un chat. Lorsqu'elle tourna la tête, il n'y avait pas trace de chat. Quelques minutes plus tard, elle crut de nouveau voir un chat, mais ce n'était que le reflet d'un étalage. Comme elle croyait sans cesse apercevoir un chat, elle se demanda s'il s'agissait d'un signe ayant quelque chose à voir avec les chats. Soudain, elle pensa à sa propre chatte, qui venait d'avoir des chatons, et se rappela l'avoir laissée dehors en partant. Comme elle n'était pas loin de chez elle, elle y retourna en vitesse afin de faire entrer la maman désespérée de répondre au miaulement de ses petits affamés.

Parfois, les signes périphériques sont perceptibles par l'oreille aussi bien que visuellement. Vous pensez avoir entendu un mot pour un autre, mais il s'agit là aussi d'un signe. Grant parlait de sa voiture à Bob et celui-ci dit : « Grant, il y a un petit pneu dans ton garage. » Grant crut cependant avoir entendu qu'il y avait un petit « feu » dans son garage, et les deux amis rirent du malentendu et oublièrent le tout. Mais lorsque Grant rentra chez lui, il s'aperçut qu'il y avait eu un petit incendie dans son garage en son absence. Il réalisa que le mot qu'il avait pris pour un autre était en fait un signe qu'il y avait effectivement le feu dans son garage. Cela se produit souvent et nous n'y prêtons généralement pas attention, et bien que chaque lapsus ne soit naturellement pas toujours un signe, lorsque c'est le cas, des messages importants se cachent dans ce que nous *croyons* avoir entendu ou vu.

Les chansons que nous fredonnons

Vous surprenez-vous parfois à fredonner une chanson alors que vous ne vous rendiez même pas compte d'être en train de chanter ? Lorsque cela se produit, prenez le temps d'en écouter attentivement les mots, car il s'y cache parfois des signes provenant de votre subconscient.

Robert fredonnait la même chanson depuis plusieurs jours quand il finit par prêter attention aux paroles (« Entre, assieds-toi et défais tes longs cheveux, chérie »). Quand il s'y attarda, il y vit un signe concernant une importante entrevue à venir. Il avait prévu une tenue très professionnelle pour l'occasion, mais les paroles de la chanson lui indiquaient de se présenter de façon moins formelle et de se montrer plus confiant dans son approche. Alors, plutôt que de porter veston et cravate, il revêtit une veste plus sport et se présenta à l'entrevue l'air de dire : « Vous avez toutes les raisons de m'engager. » Il fut retenu sur-le-champ pour le poste. Plus tard, on lui dit qu'il avait été engagé parce que l'employeur avait apprécié son attitude dégagée et déterminée. En d'autres mots, les paroles de la chanson lui avaient donné un signe sur la façon avantageuse pour lui de se présenter à l'entrevue. (Il était entré, s'était assis et avait défait ses cheveux, au figuré.)

Les rêves

Tandis que vous dormez, quelque part dans votre mémoire surgissent des moments fugaces inaccessibles à votre conscience. Ils semblent tellement réels que vous les ressentez. Vous tentez de les atteindre, mais ils vous échappent et disparaissent. Ces moments se situent au-delà du monde de la forme et de l'illusion. Ils se cachent entre deux mondes, et si vous arrivez à les saisir, ils sont les plus puissantes sources de vos signes personnels. Bien qu'il existe des opinions très divergentes sur les rêves, ceux-ci sont une source de signes et de messages de l'au-delà depuis la nuit des temps.

Les scientifiques de notre époque croient que les rêves ne sont que des neurones qui s'allument dans le cerveau et qui captent l'information dont celui-ci n'a pas besoin. Les psychologues pensent que les symboles des rêves représentent le trou de serrure secret qu'empruntent les pensées spontanées de l'esprit humain pour parvenir à la conscience afin de maintenir l'équilibre émotif en libérant les difficultés que la réalité occulte. Toutefois, les Anciens croyaient que les rêves renfermaient des signes et des messages utiles. Ceux-ci traversaient le voile mystérieux de la nuit pour y écouter les messages des rêves afin d'en rapporter de précieux signes qui changeaient parfois le destin de certaines personnes et même de certains pays. Ils croyaient que leurs visions nocturnes provenaient de forces extérieures comme Dieu, les anges, les esprits de la nature, les dieux et les déesses, diverses entités et les âmes de leurs ancêtres.

Que les signes qui apparaissent dans vos rêves proviennent d'une source extérieure ou de votre moi supérieur, il est important de les écouter attentivement. Michelle rêva qu'elle se trouvait au milieu d'une forêt dense et qu'elle portait une armure. Elle était protégée par du métal épais et ne pouvait pas bouger pour sortir de la sombre forêt et se rendre dans la clairière inondée de soleil, à proximité. Elle ne voyait personne dans la clairière, mais entendait une voix qui disait : « Retire ton armure et viens jouer avec moi dans la clairière. » Quand elle se réveilla, elle eut l'impression de ressentir l'armure de métal encore sur elle et y pensa toute la journée.

L'armure dans le rêve de Michelle était un signe important. Elle représente la protection. Elle apparaît en signe quand vous devez vous protéger de quelque chose ou de quelqu'un. Michelle participait beaucoup à l'association parents-enseignants à l'école que fréquentaient ses enfants. Au début, elle aimait bien ses tâches, mais au fur et à mesure qu'elle en acceptait davantage, elle se sentait débordée. Elle aurait parfois voulu refuser, mais n'y arrivait pas. Elle se sentait donc coincée dans une situation où elle ne parvenait pas à poser ses limites et avait besoin de se protéger sur le plan émotif. Elle se protégeait contre sa famille et ses amis, n'appréciait pas sa vie et ne s'amusait jamais. Lorsque Michelle reconnut les signes de son rêve qui lui signalaient de lâcher prise et de profiter de la vie, elle commença à déléguer ses responsabilités à l'association… et s'en trouva beaucoup mieux.

Les rêves peuvent également vous renseigner sur votre santé et votre avenir. Michael rêva d'un immense champ au milieu duquel battait un énorme cœur. Tandis qu'il l'observait, le cœur se mettait à grossir comme un ballon sous pression, puis à s'élever difficilement dans les airs, au fur et à mesure que la pression augmentait. Soudain, le cœur éclata en mille morceaux. Michael se réveilla en sursaut avec la certitude que son rêve était un signe relatif à sa santé. Il était jeune et en bonne forme et n'avait jamais songé à faire un examen médical. Néanmoins, il était sûr que son rêve lui indiquait de prendre rendez-vous avec son médecin pour vérifier son cœur. Le médecin lui dit qu'il avait bien fait de venir le voir, car, en dépit de sa bonne santé générale, sa tension artérielle était dangereusement élevée et cela aurait pu entraîner de graves conséquences. Michael fut donc mis sous médication jusqu'à ce que sa tension revienne à la normale. Il est important de noter qu'un cœur qui explose dans un rêve ne signale pas toujours de l'hypertension. Ce pourrait par exemple être le signe d'un surplus d'émotions, d'où l'expression « J'ai l'impression que mon cœur va éclater ».

Les mots imprimés

Surveillez les mots imprimés. Surtout ceux qui semblent se présenter souvent sous vos yeux. Les mots imprimés porteurs de messages personnels peuvent apparaître sur des affiches, dans des magazines, les journaux, sur le côté des camions, sur des plaques d'immatriculation, des tee-shirts ou à la télévision. Bien sûr, dans la vie moderne, les mots imprimés s'étalent partout. Il n'en demeure pas moins que ceux qui représentent des signes personnels reviendront souvent, sembleront vous sauter au visage ou laisseront des traces dans votre esprit.

Par exemple, Kerrie vivait en appartement et travaillait dans une tour d'une grande ville des États-Unis. Chaque matin, quand elle marchait les quatre coins de rue la séparant de son lieu de travail, elle songeait à demander une augmentation de salaire, mais sa détermination disparaissait dès qu'elle arrivait à destination. Elle y pensait depuis longtemps, mais ses collègues lui disaient qu'elle ne l'obtiendrait pas en raison de son peu d'ancienneté. Sur le trajet qu'elle parcourait chaque matin, elle apercevait des commerces fermés qui affichaient « Fermé » à la fenêtre. Mais, un matin, pour une raison inconnue, presque toutes les boutiques avaient oublié de retourner leur affichette la veille et indiquaient donc « Ouvert » même si elles étaient fermées.

Cela parut si curieux à Kerrie qu'autant de magasins aient oublié de retourner leur panneau qu'elle réalisa que le signe « Ouvert » représentait un message à son intention, c'est-à-dire que la voie était libre, que c'était le bon moment. Elle se rendit donc directement chez son patron, demanda une augmentation et l'obtint immédiatement. On lui dit qu'elle tombait bien, car la société était en plein processus de réévaluation et de changement, alors que si elle avait fait cette demande plus tôt, on la lui aurait refusée.

La radio, la télévision et le cinéma

C'est par l'intermédiaire de la radio, de la télé et des films que les signes se manifestent le plus couramment. Les paroles d'une chanson à la radio, le thème d'un film ou quelques mots pertinents d'un présentateur renferment parfois des signes susceptibles de changer votre vie pour toujours.

Andrew rentrait du travail en voiture quand il entendit une chanson à la radio. Les paroles disaient : « Jeanne, Jeanne, tu es jeune et… » En entendant ces mots, il songea à sa mère, qui portait le même prénom, et se mit à pleurer. Il ne l'avait pas revue depuis plusieurs années à cause d'une brouille et ne pensait presque jamais à elle. Mais d'entendre répéter son prénom fit surgir des images de sa jeunesse. Plutôt que de se remémorer les injustices subies quand il était jeune homme, il songea à l'époque où il était petit et que sa maman était tendre avec lui. Andrew eut soudain profondément envie de la revoir et sut que les paroles de la chanson étaient un signe de reprendre contact avec elle.

Il lui fallut quelques semaines pour la retrouver, car elle avait déménagé deux fois, mais Andrew persévéra dans ses recherches et finit par prendre l'avion pour l'Indiana. Sa mère était désormais âgée et frêle et n'avait plus rien du tyran dominateur d'autrefois. Sa voix était maintenant cassée et chevrotante, plutôt qu'impertinente et saccadée.

« Andrew, dit-elle, je suis si heureuse que tu sois venu, car il y a tant de choses que je veux t'expliquer avant de mourir. » Ils parlèrent longuement durant la nuit. Il a dit qu'une vie de ressentiment semblait s'être évanouie à l'aube, quand il commença à comprendre pourquoi sa mère l'avait traité si rudement. Andrew rentra chez lui, l'esprit léger et avec de la joie dans le cœur. Sa mère mourut dans l'année, mais Andrew se sentait plus serein et plus léger, depuis qu'il avait passé du temps près d'elle. Les signes l'avaient conduit vers sa mère, celle-ci lui avait ouvert son cœur et aidé à trouver la paix intérieure.

La nature

Dans chaque culture, les êtres humains ont identifié des signes en observant la nature. Depuis la migration des oiseaux jusqu'à l'endroit où la foudre frappe et la forme des nuages, la nature fournit sans cesse des signes, puisqu'elle change constamment. Même si vous vivez en ville, la nature vous entoure. Le comportement des écureuils, des pigeons, des corneilles, la forme des nuages et le vent sont tous des mouvements de la nature et donc sources de messages, même en milieu urbain.

La femme de Gérald était morte après une longue maladie et celui-ci vivait un deuil très douloureux. Même après deux ans, il était encore très triste et déprimé. Il confia à Callie, sa voisine : « Elle me manque vraiment beaucoup, mais ce qui me déprime le plus, c'est de penser que tout est fini. J'aimerais tellement savoir qu'elle va bien et qu'elle n'a pas cessé d'exister après la mort de son corps. » Callie répondit : « Peut-être que Ruby te fera un signe pour te dire qu'elle va bien. » Alors, avant de dormir, Gérald le lui demanda et, au matin, il se réveilla en sursaut. Quelqu'un frappait à la fenêtre du salon. Il enfila son peignoir et se précipita à la fenêtre. Il aperçut alors la chose la plus étrange qui soit.

Un beau geai bleu cognait de son bec sur un carreau. Quand Gérald s'est approché de la fenêtre, le geai bleu a cessé de frapper et l'a regardé intensément durant quelques secondes avant de s'envoler. Le cœur de Gérald s'est ouvert, et le chagrin qu'il avait refoulé depuis les funérailles de Ruby s'est répandu en lui. Le geai bleu était l'oiseau préféré de Ruby. Elle lui avait déjà parlé de celui qui venait à la maison de vacances familiale l'été et qui cognait à la fenêtre tous les matins. Gérald dit : « Dès que j'ai aperçu le geai bleu frapper sur le carreau, j'ai su que c'était un signe de Ruby et qu'elle allait bien. Par la suite, j'ai senti ma tristesse s'estomper. »

Il n'est pas inhabituel d'obtenir des signes au sujet de personnes décédées. Ces signes procurent généralement du réconfort et de la consolation à ceux qui restent.

L'environnement

Les objets qui nous entourent et les manifestations physiques naturelles ou artificielles sont des instruments privilégiés pour les signes.

Jonathan songeait à quitter son emploi de cadre intermédiaire dans une grande entreprise pour démarrer sa propre affaire. Malgré son enthousiasme, il éprouvait de l'anxiété. Il savait que s'il échouait, il aurait ensuite du mal à obtenir un nouveau poste, car les emplois se faisaient rares. Il alla marcher tout en réfléchissant à la décision qu'il devait prendre : réaliser son rêve ou garder un poste peu gratifiant mais sûr. Tandis qu'il se promenait sur un sentier bordé d'arbres, il aperçut un gros gland par terre devant lui et se pencha pour le ramasser. Comme il n'y avait pas de chênes dans le secteur, il fut surpris. Trouver un gland par terre n'est pas un grand événement en soi, mais pour Jonathan, ce fut le message dont il avait besoin pour l'aider à prendre une décision. Tandis qu'il tenait cette petite noix brune et lisse dans la main, il songea qu'elle se transformerait un jour en un beau grand chêne. Il sut alors que c'était un signe à son intention : sa compagnie serait modeste au départ, mais grandirait et deviendrait solide comme un chêne. Il donna sa démission le jour même et démarra son entreprise, qui devint prospère et solide.

La petite amie de Sam vivait à la campagne et Sam partait de la ville tous les vendredis soirs pour aller lui rendre visite. Il connaissait bien la route, mais malgré sa prudence au volant, il avait tendance à rouler trop vite. Un vendredi matin, en route vers son travail, il aperçut deux voitures de police. Puis, de son bureau, il put en voir une autre s'arrêter devant l'immeuble. Sam sentit que toutes ces voitures de police lui indiquaient d'observer la limite de vitesse quand il irait à la campagne le soir. (Sam avait associé la police à l'excès de vitesse, mais pour quelqu'un d'autre, elle pourrait symboliser autre chose. Il est important de trouver ce qu'elle signifie pour vous.) En se rendant chez sa petite amie, il fit donc particulièrement attention à la limite de vitesse et ne fut pas surpris d'apercevoir au détour d'un virage (qu'il avait l'habitude de prendre rapidement) des policiers qui avaient arrêté un automobiliste. S'il n'avait pas écouté les signes, c'est *lui* qui aurait reçu la contravention.

Les infrastructures

Les infrastructures de votre maison peuvent transmettre d'importants messages. L'eau correspond aux émotions et aux sentiments. Par conséquent, l'état de la plomberie peut révéler votre état d'âme. Si la tuyauterie est bouchée, vos émotions sont peut-être bloquées. Si la toilette déborde, c'est peut-être que vos émotions débordent aussi. Des tuyaux gelés indiquent peut-être la paralysie de vos sentiments. Un robinet qui fuit peut signaler que les émotions drainent votre énergie. Bien sûr, un robinet qui fuit peut simplement signifier qu'il vous faut un nouveau joint d'étanchéité, mais il y a souvent une interrelation entre la plomberie et vos émotions.

Le réseau électrique de votre maison représente votre énergie vitale ou peut symboliser votre champ d'énergie personnel. Si les circuits sont souvent surchargés, demandez-vous s'il ne faudrait pas ralentir la cadence dans votre vie. Vous en prenez peut-être trop sur le dos. Si les ampoules grillent constamment, vous donnez peut-être trop d'énergie et n'en recevez pas assez. Une panne électrique peut symboliser un épuisement de votre énergie et vous signaler que vous devez réduire vos activités.

Les planchers de votre maison peuvent représenter les fondements de votre vie. Si les fondations craquent ou que le sol gondole, voyez si vous ne vous trouvez pas en terrain fragile dans votre vie. Les murs peuvent en symboliser la structure. Si des termites grignotent les murs de votre maison, voyez si quelque chose dans votre vie affecte votre réseau de soutien. Chaque partie de votre maison et de votre environnement immédiat peut fournir des signes relatifs à votre corps et à votre vie.

La maladie

Chaque maladie est un signe reflétant le fonctionnement de votre subconscient. Il est extrêmement important d'écouter les messages que votre corps désire vous transmettre. Si vous ne prêtez pas attention aux débuts de certains symptômes, votre organisme les intensifiera jusqu'à ce que vous les compreniez. Écoutez les murmures, avant qu'ils ne deviennent des cris.

La maladie peut être la manière dont votre corps se sert pour vous signaler des déséquilibres dans votre vie. Chaque maladie ou malaise s'accompagne d'un message. Ce peut être simplement : « Ralentis, prends un peu de repos », ou alors il peut s'agir de quelque chose de plus profond. Émilie avait un mal de gorge qui se transforma en laryngite. Elle réalisa qu'il y avait quelque chose qu'elle craignait de dire. (La maladie qui vous affecte, aussi bien que la partie du corps, sont toutes deux significatives du message à recevoir.)

Au travail, Émilie n'avait pas reçu la promotion attendue, car celle-ci avait été accordée à quelqu'un possédant moins d'expérience et de compétences qu'elle. Elle aurait souhaité dire : « Ce n'est pas juste. C'est moi qui méritais cette promotion », mais avait peur d'exprimer sa pensée et avait choisi de se taire. Pourtant, elle se sentait frustrée, et c'est ainsi qu'elle perdit la voix. Quand elle prit le temps d'écouter le message que son corps voulait lui transmettre, elle prit son courage à deux mains et exprima ses vrais sentiments à son patron. Elle n'obtint pas la promotion pour autant, mais eut le sentiment d'avoir franchi une étape importante de sa vie. De plus, après avoir parlé à son supérieur, elle comprit mieux où elle se situait professionnellement.

Il est déjà assez difficile d'être malade sans devoir en plus s'en blâmer. Voilà pourquoi il est si important d'avoir de la tendresse et de l'empathie pour vous-même, plutôt que de vous reprocher d'être malade. C'est chaque fois l'occasion de mieux vous comprendre et d'apprendre quelque chose. Il est cependant très utile d'écouter les signes et les messages de votre corps, car ils peuvent vous aider à comprendre la source de la maladie et à la guérir.

Lorsque vous êtes malade, il est bon d'explorer ce que vous ressentez quant à la situation. En effet, cela révèle généralement l'émotion qui est précisément à l'origine de la maladie. Par exemple, Joanne vint me parler de son inquiétude au sujet de ses kystes utérins. Je lui ai demandé ce qu'elle ressentait. Sans la moindre hésitation, elle répondit que cela la mettait très en colère. Lorsque je lui ai suggéré que cette colère pouvait être la cause même de ses kystes, elle fut très surprise. Elle déclara qu'avant l'apparition de ceux-ci, elle avait vécu une relation abusive sur les plans émotif et sexuel. Elle se sentait particulièrement en colère par rapport à sa sexualité. Elle émit l'hypothèse que sa colère contre son partenaire avait contribué à la formation de ces kystes.

Les accidents

En dépit des dégâts que peuvent causer les accidents dans notre vie, il y a presque toujours un signe présent au moment même où ceux-ci se produisent. L'une des façons les plus rapides de vérifier le message transmis consiste à examiner quelles étaient vos pensées juste avant l'accident. Vous découvrirez généralement un lien entre les deux.

Ravi était au volant de sa Ford dernier modèle, un soir de pluie. Soudain, il prit un virage et aperçut un cerf ébloui et figé devant lui sur la route. Ravi enfonça les freins, mais sa voiture dérapa sur le bas-côté. Il fut légèrement secoué, mais pas blessé. Lorsqu'il examina ses pensées juste avant l'incident, il s'aperçut qu'il hésitait au sujet d'une proposition d'affaires que son frère lui avait faite. Il sentit un lien entre ce à quoi il pensait et l'accident. Le fait d'avoir perdu le contrôle de sa voiture lui signalait de ne pas s'engager avec son frère et il déclina donc son offre. Il est intéressant de noter que l'année suivante, le frère de Ravi avait tendance à dire qu'il n'avait pas les affaires en main dans son entreprise. Plus tard encore, son frère en perdit complètement le contrôle et Ravi se déclara content d'avoir suivi les signes.

Non seulement vos pensées précédant un accident sont-elles un signe, mais la partie blessée correspond elle aussi à un message. Chaque fois que vous avez un accident, arrêtez-vous à la partie blessée. Bien que les signes puissent varier d'une personne à l'autre, certains semblent avoir un sens universel. Par exemple, si vous vous êtes fait mal au pied, c'est peut-être que quelque chose n'avance pas dans votre vie ou ne tient pas debout. Chaque partie du corps symbolise un aspect de votre vie. Pour mieux comprendre les signes correspondant aux différentes parties du corps, consultez le lexique.

En découvrant le message qui y est lié, prêtez attention au genre d'accident. Par exemple, si celui-ci s'est produit parce que vous alliez trop vite, votre moi supérieur vous recommande peut-être de ralentir. Si l'accident est arrivé parce que vous aviez peur de bouger, c'est peut-être le signe que vous devez vous montrer plus résolu dans la vie.

Carter lavait les vitres de sa maison et se tenait sur le tout dernier barreau de l'échelle pour pouvoir atteindre une fenêtre située très haut. Il perdit l'équilibre et tomba. Il n'eut rien de cassé, mais était contusionné de partout. Il sentit que cet accident était un message lui indiquant de cesser de prendre trop de risques dans la vie. Or, il se trouvait à une étape dans son entreprise où il devait décider entre suivre une voie sûre, à faible risque et moins rentable, ou prendre un gros risque financier. Il sentit que d'avoir grimpé imprudemment tout en haut de l'échelle (et d'être tombé) était le signe qu'il avait intérêt à choisir la voie plus sécuritaire. Avec le recul, il constata qu'il avait pris la bonne décision.

Les erreurs

Souvent, les erreurs qui semblent se produire par hasard sont des signes déguisés. Par exemple, lorsque je planifiais mon jardin, j'avais décidé qu'il dégagerait paix et tranquillité et j'avais donc choisi d'y planter des fleurs dans les gammes de bleu, de mauve, de rose pâle et de blanc. Cela me paraissait une excellente idée de créer un petit havre de paix autour de la maison. Toutefois, malgré ma scrupuleuse planification, des fleurs rouge vif, orange et jaunes *que je n'avais jamais plantées* poussaient chaque année dans mon jardin, et je finis par comprendre que cette cacophonie de couleurs était un signe de vitalité et d'énergie. Même si je désirais la paix dans ma vie (symbolisée par des couleurs calmes et sereines), mon subconscient souhaitait plus de mouvement et un environnement plus vibrant. En y regardant de plus près, j'ai constaté que je m'installais dans de vieux schèmes confortables plutôt que de vivre pleinement. Les fleurs de couleurs vives qui surgissaient dans mon jardin me disaient qu'il était temps de mettre un peu de piquant dans ma vie. J'ai donc décidé de laisser le jardin se créer naturellement, et j'ai commencé à changer ma vie et à m'ouvrir sur de nouveaux horizons.

À propos, les fleurs qui poussent dans votre jardin ne sont pas des hasards. Chaque fleur qui semble pousser par erreur a un message à vous transmettre. Par exemple, un tournesol pourrait vous signaler qu'il est temps de vous tourner vers la lumière et vers la vie. Il peut aussi vouloir dire d'ouvrir votre cœur et votre âme à l'univers qui vous entoure, de la même façon qu'il suit le soleil. Des pensées qui apparaissent dans votre jardin peuvent vouloir dire de réfléchir davantage (voir la section sur les homophones). La lavande peut signifier de nourrir votre paix intérieure. (La lavande est utilisée en aromathérapie pour ses vertus calmantes et apaisantes.)

Thomas et sa famille étaient en vacances. Ils habitaient dans le nord-ouest des États-Unis et avaient décidé de se rendre dans le sud-est en voiture, afin d'explorer une différente partie du pays. En suivant les indications sur les cartes, ils traversèrent facilement chacune des grandes villes de leur itinéraire. Toutefois, en direction d'Atlanta, en Georgie, Thomas commença à se tromper de route. Or, il faisait très chaud et toute la famille avait hâte d'arriver à l'hôtel pour se rafraîchir, car la climatisation de la voiture était en panne. La contrariété gagnait tout le monde. Constatant qu'il se trompait constamment de route, Thomas stoppa la voiture afin d'évaluer la situation. Il se rendit compte que chaque fois qu'il avait tourné au mauvais endroit, c'était un signe de suivre un autre chemin pour parvenir à l'hôtel. Dès qu'il choisit de prendre une autre route, même si c'était un peu plus long, ils arrivèrent facilement à destination. Lorsqu'ils se présentèrent à l'accueil, le préposé leur demanda s'ils étaient restés coincés dans le bouchon sur l'autoroute et Thomas répondit que non. Le préposé expliqua : « Un semi-remorque s'est renversé, et la circulation a été bloquée pendant trois heures. Vous avez eu de la chance de prendre une autre route. » Toute la famille poussa un soupir de soulagement. S'ils avaient suivi l'itinéraire prévu, ils seraient restés coincés longtemps sur la route, dans une voiture cuisante.

Les coïncidences

Chaque jour, nous sommes envahis par de petites coïncidences et chacune est un signe. Elles se produisent si souvent que, la plupart du temps, elles semblent relever de la vie normale. Les gens que vous rencontrez dans la rue ou à côté de qui vous êtes assis au restaurant ou dans l'avion, et tous les petits incidents de la vie quotidienne sont invariablement porteurs de coïncidences, bien que ce soit habituellement les plus frappantes qui captent notre attention.

Lorsque j'avais vingt ans, j'ai déménagé à Hawaï. Comme je n'y connaissais personne, une amie m'avait remis un bout de papier sur lequel elle avait inscrit le nom d'un ami qui vivait là-bas. Elle m'avait dit que je pouvais l'appeler en cas de besoin. J'ai plié le bout de papier et l'ai rangé dans un compartiment de mon sac sans le regarder. Il y est resté même après que j'ai emménagé à Hawaï et trouvé un emploi de serveuse grâce aux petites annonces d'un journal local. Au restaurant où je travaillais, j'ai rencontré un gars qui me plaisait beaucoup, un collègue qui s'appelait Tony, et nous avons commencé à nous fréquenter. Un jour, alors que j'étais installée à Hawaï depuis plusieurs mois, j'ai fait le ménage de mon sac à main et je suis tombée sur le bout de papier que mon amie m'avait donné. Quelle ne fut pas ma surprise, quand j'ai déplié le papier ! *Le nom et l'adresse de Tony*. Même si les sceptiques diront que c'était une coïncidence, j'ai senti que c'était le signe que j'étais prédestinée à faire sa connaissance. Bien que nous ne nous soyons pas fréquentés longtemps, j'ai beaucoup appris sur moi-même dans ma relation avec lui.

Les synchronismes

Le célèbre psychanalyste suisse Carl Jung a inventé le terme *synchronisme* pour décrire la coïncidence entre un événement psychologique et un événement physique qui défie toute probabilité et qui a un sens. La plupart des sceptiques jugent qu'il s'agit de simples coïncidences, mais Jung croyait pour sa part qu'il existe un lieu au-delà du temps où l'esprit, la matière et l'âme peuvent se confondre. Il était d'avis que les coïncidences sensées (les synchronismes) se produisent par l'intermédiaire d'un mécanisme se situant au-delà de la relation de cause à effet.

Son célèbre exemple de synchronisme relate l'anecdote d'une patiente qui avait du mal à progresser dans sa thérapie et qui se présenta un jour à sa séance en décrivant un rêve où apparaissait un scarabée doré. Cette petite bête est le symbole de la régénération, dans l'Égypte ancienne. Alors qu'ils discutaient du rêve en question, une coccinelle entra par la fenêtre. Il s'agissait d'un scarabée du rosier, c'est-à-dire ce qui se rapprochait le plus du scarabée doré, en Suisse. À ce moment, la patiente vécut une transformation et passa à une nouvelle étape de sa thérapie. Pour Jung, c'était un cas évident de synchronisme. Quand vous pensez à quelqu'un et que la personne appelle, que vous avez besoin de quelque chose et que cela apparaît dans votre vie, ce sont des exemples de synchronisme, et il y a toujours un signe correspondant qui l'accompagne. Parfois, le message signifie que vous élargissez vos horizons au-delà du monde physique. Et d'autres fois, le signe vous offre un nouvel éclairage sur votre cheminement intérieur. Prêtez une attention particulière aux signes qui vous parviennent par l'intermédiaire des synchronismes.

Les homonymes et les homophones

Les homonymes sont des mots de prononciation identique et de sens différent, qu'ils soient de même orthographe ou non, par exemple *ver, verre, vert*. Les homophones sont des lettres ou des mots qui ont la même prononciation, par exemple *f* et *ph*, *eau* et *haut*, mais pas le même sens ni la même orthographe. Parfois, les signes se manifestent sous la forme d'homonymes ou d'homophones.

Jasper était handicapé et sans emploi. Il se trouvait dans une période particulièrement difficile de sa vie, et son estime personnelle était au plus bas. En faisant ses courses à l'épicerie en fauteuil roulant, il accrocha par mégarde tout un étalage de boîtes de pêches en conserve, qui firent un vacarme en se répandant par terre. Une pensée lui traversa aussitôt l'esprit : « Des *pêches !* Oui, je vais aller à *la pêche*, chercher un emploi, changer d'attitude et transformer ma vie ! » Lorsque les employés se sont précipités pour ramasser les boîtes de conserve, ils trouvèrent Jasper qui souriait de toutes ses dents, assis au milieu. La pêche était un signe homonymique que Jasper pouvait se ressaisir, chercher du travail et sortir du désespoir.

Les animaux de compagnie

Vos animaux de compagnie sont souvent porteurs de messages. Ils peuvent vous prévenir d'un danger imminent et même vous donner des signes relatifs à de futurs symptômes ou à un comportement ultérieur.

Frédéric possédait un petit terrier du nom de Sammy. Tous les jours, ils allaient faire une longue promenade dans les bois, et c'était pour Sammy le meilleur moment de la journée. Il s'assoyait donc devant la porte chaque jour à la même heure, pour attendre sa promenade. Dès qu'il se retrouvait dehors, le chien tirait très fort sur sa laisse jusqu'à l'orée du bois, où il savait que son maître le détacherait.

Mais un après-midi, alors que Frédéric se préparait pour sortir son chien, Sammy n'attendait pas à la porte et, une fois dehors, il ne tira pas sur sa laisse comme d'habitude. D'ailleurs, quand Frédéric le détacha, le chien fit demi-tour. Sammy n'avait jamais agi ainsi, et son maître s'interrogea. Il finit par se dire que le chien devait sentir le besoin de revenir à la maison. Ce fut une chance, car, peu après leur retour, Frédéric fit une crise cardiaque. Sa femme, Sara, appela immédiatement l'ambulance, et Frédéric se remit rapidement de cette attaque, mais le médecin lui dit que s'il avait eu sa crise dans les bois, il aurait peut-être été moins chanceux, sans l'intervention immédiate des secours.

Vos animaux de compagnie peuvent également vous donner des signes au sujet de l'énergie qui circule dans votre environnement. Je me trouvais à un dîner quand un beau jeune homme arriva. La chatte de la maison vint immédiatement vers lui. Après le repas, nous étions assis en cercle dans le séjour. La chatte entra royalement dans le cercle et s'étira entre deux personnes assises l'une en face de l'autre. L'animal avait la tête en direction de l'hôtesse et les pattes arrière allongées en direction du jeune homme. Cela indiquait en soi que de l'énergie circulait entre les deux personnes. Je n'ai parlé de mes observations à personne, mais il s'avéra plus tard qu'un lien existait entre l'hôtesse mariée et son jeune amant. Leur comportement ne trahissait pas leur secret, mais l'attitude de la chatte indiquait bien le flot d'énergie entre eux, généré par leurs activités clandestines.

Les animaux reflètent par ailleurs l'énergie de leur maître et peuvent parfois donner des signes révélant ce qu'une personne vit. Dans ma pratique de guérisseuse, j'observe couramment le lien entre la santé d'un animal et celle de son maître. J'ai souvent constaté qu'un animal développe une maladie ou des ennuis physiques ou émotifs avant son maître. Je crois que cela se produit parce que les animaux se mettent parfois au service de leur maître en agissant comme zone tampon afin de neutraliser des situations difficiles.

Par exemple, Maureen vint me voir avec un grave mal de dos. Son chien avait curieusement développé le même problème (mais avant elle). Je crois que nos animaux de compagnie absorbent nos ennuis afin de les atténuer. Quand Maureen a commencé à soigner son dos, le mal de dos de son chien a également disparu : *quelle coïncidence* !

Bien sûr, chaque ennui de santé d'un animal ne représente pas toujours une menace pour le maître, mais il demeure que les associations psychologiques avec des conditions physiques sont souvent reflétées chez les animaux qui vivent auprès de nous. Par exemple, si un animal a un cancer, ce peut être le signe qu'un souci émotif mine son maître. En observant la santé et le comportement de votre animal, vous pouvez souvent capter des messages reflétant *votre* état personnel.

3 Comment demander un signe

Bien que nous soyons constamment entourés de signes, il nous arrive parfois de sentir de subtils courants d'énergie sans toutefois pouvoir capter le murmure de l'Univers qui procure compréhension et orientation dans la vie. Il peut alors être utile de demander un signe. Il existe de nobles façons traditionnelles de le faire aussi bien que des techniques modernes simples.

Oui ou non

La façon sans doute la plus simple de demander un signe est la méthode « oui ou non ». Cette méthode est aussi simple que de prendre une décision en jouant à pile ou face. Chaque fois que vous utilisez cette technique, il est recommandé de suivre les trois étapes nécessaires.

1. Relaxer
2. Vous concentrer
3. Désigner

D'abord, faites le vide dans votre esprit et détendez-vous complètement. C'est très important. Prenez quelques minutes pour calmer votre esprit, en respirant lentement et profondément. Tandis que vous respirez, concentrez-vous sur un objet, comme une bougie ou une fleur, et laissez votre corps se détendre entièrement.

La deuxième étape consiste à vous concentrer sur la question à poser. Essayez de rester le plus neutre possible. Vous avez décidé de demander une réponse à l'Univers. Par conséquent, il est important d'être réceptif, au moment où elle viendra. Faites fi des notions préconçues sur ce que la réponse devrait être et restez concentré sur la question.

La troisième étape consiste à désigner clairement ce qui représentera un « oui » et ce qui symbolisera un « non ». Si vous utilisez une pièce de monnaie, commencez par attribuer un « oui » et un « non » à chacun des côtés. Si vous vous servez d'un pendule, décidez, par exemple, que si le pendule tourne dans le sens des aiguilles d'une montre, cela indiquera un « oui » et, à l'inverse, que dans l'autre sens, il signifiera un « non ». Le sens ou le côté n'a pas d'importance. Lorsque vous recevrez une réponse, que ce soit en jouant à pile ou face ou au moyen d'une autre méthode, vous n'êtes pas obligé de l'accepter, si elle ne vous convient pas. Il arrive parfois que la méthode « oui ou non » fonctionne simplement parce que la réponse obtenue nous semble tellement choquante que cela nous précipite dans notre intuition.

Ouvrir un livre

Pour demander un signe, il suffit parfois d'ouvrir un livre. Il est bien entendu plus facile de se servir d'un ouvrage de nature spirituelle avec lequel on se sent à l'aise que d'un dictionnaire, par exemple. Mais presque n'importe quel livre fait l'affaire. Les deux premières étapes sont les mêmes que pour la méthode précédente. D'abord, apaiser l'esprit, puis vous concentrer sur votre intention et être très précis sur la raison pour laquelle vous demandez un signe. Même si votre but est un peu nébuleux, comme « Quel est mon message de la journée ? » assurez-vous d'être précis dans votre intention. Ensuite, fermez les yeux et ouvrez le livre au hasard. Vous pouvez choisir la première page sur laquelle vous tombez ou feuilleter le livre dans un sens puis dans l'autre jusqu'à ce que vous sentiez quelque chose. Lorsque vous aurez trouvé la bonne page, les yeux toujours fermés, laissez aller vos doigts sur le papier jusqu'à ce que vous les sentiez attirés vers une partie en particulier. Certaines personnes sentiront que c'est plus chaud, d'autres une sorte d'adhérence. Ouvrez alors les yeux et lisez ce qui se trouve sous vos doigts. Vous obtiendrez le signe que vous avez demandé.

Jackson se demandait s'il devait prendre ou non une retraite anticipée. L'avantage consistait à pouvoir profiter de la vie sans la pression du 9 à 5. L'inconvénient était de toucher une somme beaucoup moindre que s'il continuait pendant encore six ans. Il décida de demander un signe au moyen de la méthode « ouvrir un livre ». Jackson étudiait un ouvrage spirituel et choisit de s'en servir pour demander le signe. Il apaisa d'abord son esprit, puis se concentra sur sa préoccupation. Sans regarder, il feuilleta le livre dans un sens puis dans l'autre jusqu'à ce qu'une page en particulier semble attirer son doigt. Les yeux toujours fermés, il le laissa parcourir le texte de haut en bas jusqu'à ce qu'il s'arrête. Il ouvrit les yeux et lut : « Mon chez-moi m'attend. Je vais m'y hâter… Quel besoin ai-je de rester dans un lieu de désirs vains et de rêves brisés? » Jackson comprit que c'était là un signe très précis de prendre une retraite anticipée. Le signe était très net et très évident. Si vous ouvrez un livre et que le sens du signe que vous avez choisi ne vous paraît pas clair, servez-vous des méthodes décrites au chapitre 4, pour comprendre ce que votre signe signifie.

Créer des conditions propices

Qui n'a pas un jour effeuillé une marguerite en disant : « Il m'aime, il ne m'aime pas » ? C'est une façon très courante de demander un signe, c'est-à-dire créer des conditions propices à sa manifestation. Vous pouvez le faire en disant, par exemple : « Si je dois prendre le bus plutôt que de marcher, alors il arrivera dans les trois prochaines minutes. » Si le bus arrive, c'est le signe que vous deviez le prendre. Sinon, c'est que vous devez marcher. Ainsi, vous créez des conditions qui favorisent l'apparition du signe.

Par exemple, Carlos n'arrivait pas à se décider entre deux établissements universitaires où il était accepté. Ils présentaient tous les deux des avantages et il ne pouvait tout simplement pas choisir. Il décida donc de créer des conditions qui puissent susciter la manifestation d'un signe qui lui indiquerait le choix à faire. Carlos dit : « Si la mascotte de l'une des deux universités croise mon chemin, alors ce sera un signe ». Carlos décida que s'il devait fréquenter la première, le signe d'un tigre (la mascotte de l'établissement) se manifesterait, alors que s'il devait choisir la deuxième, il verrait le signe d'un loup (la mascotte de l'autre). Le lendemain, Carlos promenait son chien lorsqu'il croisa un homme dont le chien en laisse ressemblait exactement à un loup. Il s'arrêta pour lui poser des questions au sujet de ce chien à l'allure très inhabituelle. Le maître répondit que son chien était en fait moitié-chien et moitié-loup. Carlos y vit le signe qu'il attendait et il choisit l'établissement dont le loup était la mascotte.

Il n'est pas toujours nécessaire de poser des conditions précises, pour obtenir un signe. Le fils de Darla, John, était dans l'armée et avait été envoyé à la guerre du Golfe. Comme elle avait du mal à accepter son départ et craignait pour sa sécurité, Darla dit : « Si John ne court pas de danger, s'il vous plaît, donnez-moi un signe. » Elle n'avait pas demandé un signe en particulier, mais simplement fait une requête. (Si vous avez une requête semblable à celle de Darla, vous pouvez vous adresser à Dieu, à votre ange gardien, à votre moi supérieur ou à votre source spirituelle personnelle.) Deux jours plus tard, en ouvrant la porte, Darla aperçut un superbe nid au beau milieu de l'allée. Elle en déduisit logiquement qu'il devait être tombé de l'arbre la surplombant, mais dans son cœur, elle sut que c'était le signe qu'il n'arriverait rien à son fils. (Le fils de Darla avait en effet comme passe-temps de collectionner des nids d'oiseaux. Son garage était rempli de tous ceux qu'il avait trouvés au fil des années.) Elle sut que c'était la façon que Dieu avait choisie pour la rassurer au sujet de son fils.

Désigner des signes

Une façon efficace de se servir des signes consiste à en désigner. Pour ce faire, vous devez choisir quelque chose qui symbolisera toujours un signe particulier pour vous. Dans mon enfance, j'adorais les carouges à épaulettes. J'aimais beaucoup leur plumage rouge vif sur leurs ailes noir de jais. Je ne sais pas exactement pourquoi, mais j'avais décidé que chaque fois que j'en verrais un, cela me porterait chance. Comme « tout ce à quoi l'on s'attend a tendance à se produire », chaque fois que j'apercevais un carouge, j'avais de la chance. J'avais adopté ces magnifiques oiseaux comme signes de chance et, de fait, chaque fois que j'en voyais un, il m'arrivait de belles choses. Inversement, si la chance se dirigeait vers moi, l'Univers faisait en sorte de mettre un carouge sur ma route.

Tout peut servir de signe. J'ai des amis qui ont choisi la fourmi. Chaque fois qu'ils en voient une, ils s'arrêtent pour écouter leur voix intérieure, car ils croient que la fourmi est un messager de leur âme. Parfois, les signes désignés nous viennent d'autres personnes. Les plumes sont un signe qui me vient de mon professeur, Plume dansante, un Indien Taos Pueblo. J'étais à son chevet, quand il agonisait dans un hôpital de Santa Fe. Ses derniers mots furent les suivants : « Où que tu sois, où que tu ailles, je serai là. » Après sa mort, les plumes se mirent à m'apparaître spontanément dans des circonstances très inhabituelles. Je finis par comprendre que ces plumes étaient des signes ou des messages provenant de Plume dansante et du royaume des esprits. Les plumes se manifestaient quand je désirais qu'on me confirme que j'étais dans la bonne voie. Elles apparaissaient quand j'hésitais sur la voie à suivre et aussi comme de joyeux messagers de l'au-delà. Maintenant, quand je vois une plume, je sais que c'est un signe qui m'est adressé.

Parfois, les signes de plume se manifestent de façon très ordinaire, comme au cours d'une promenade dans un parc, mais à d'autres moments, les plumes apparaissent dans des circonstances très mystérieuses et totalement inexplicables. Un matin, je m'étais levée tôt, car j'avais un important rendez-vous plus tard dans la journée et je voulais être bien préparée. J'étais anxieuse et je me suis dirigée à moitié endormie vers la salle de bains, j'ai allumé une bougie pour éviter la lumière trop éblouissante et fait couler un bain. Je m'y suis glissée, à la simple lueur de la bougie. Tandis que je m'éveillais doucement, j'aperçus quelque chose flotter à la surface. Une longue plume blanche. Je la pris et l'observai. J'étais la dernière à avoir utilisé la salle de bains, la veille, et il n'y avait pas de plume dans la baignoire. Comme la fenêtre était fermée, la plume ne pouvait pas venir de l'extérieur. Il n'y avait donc aucune explication logique à la présence de cette plume. Et pourtant, je tenais concrètement une superbe longue plume blanche dans la main. Il vaut parfois mieux simplement accepter l'inexplicable sans chercher d'explication rationnelle. J'ai donc accepté la plume comme étant une manifestation de Plume dansante qui souhaitait me dire que tout se passerait bien au rendez-vous. Ce qui fut le cas.

Un étrange phénomène a commencé à se produire au sujet des plumes comme signes. Après avoir assisté à mes séminaires, des gens me disent que les plumes se présentent sous forme de signes pour eux aussi, et parfois dans des circonstances bizarres. Il se peut que ce soit votre cas également. Le cas échéant, chaque fois que vous en verrez une, restez en silence un moment et écoutez le message qu'elle apporte.

Les méthodes traditionnelles

L'astrologie

Au fil du temps, des méthodes ont été développées pour accéder aux signes. Celle qui gagne en popularité en Occident au cours des dernières années est sans doute l'astrologie. La plupart des grands journaux ont une rubrique astrologique, et des millions de gens, y compris des chefs d'État et des monarques, consultent les planètes quotidiennement pour y chercher des messages sur leur avenir. Il est utile de consulter un astrologue professionnel, car il peut souvent vous fournir de bons indices. (Ma grand-mère paternelle était astrologue. Elle a fait ma carte du ciel le jour de ma naissance. Ce qu'elle avait vu dans les étoiles à mon sujet s'est réalisé.) Il n'est toutefois pas nécessaire d'aller voir un astrologue. Vous pouvez désigner une rubrique astrologique comme transmetteur quotidien de messages. Bien que les horoscopes ne concordent pas toujours, une fois que vous en aurez adopté un comme source de signes, il tendra à vous convenir.

Le Yi Jing

Une autre méthode ancienne pour capter les signes est le *Yi Jing*, d'après le légendaire *Livre des changements* chinois, qu'on prétend être le plus vieux livre du monde. Il s'agit d'un abrégé de connaissances d'une simplicité déconcertante, qui offre souvent des enseignements très précieux, cependant. Pour consulter le *Yi Jing*, vous devez penser à votre question puis lancer trois pièces, trois fois chacune. La séquence des résultats est transformée en une série de lignes et de traits formant une situation type. Il en existe soixante-quatre, dans le *Yi Jing*. La réponse se trouve dans la lecture du texte associé à la situation type choisie. Carl Jung était un fervent adepte du *Yi Jing*. Il croyait que les hexagrammes représentaient des thèmes universels de l'inconscient collectif et que les relations entre ceux-ci et les événements de la vie pouvaient être attribuées aux synchronismes. Jung se servait fréquemment du *Livre des changements* en s'assoyant pendant des heures par terre pour le consulter, a-t-il écrit. Il posait des questions et recevait des « réponses indéniablement remarquables et sensées ». Pour consulter le *Yi Jing* afin d'obtenir un signe, vous pouvez vous servir soit de pièces soit de la méthode « ouvrir un livre ». Le *Yi Jing* est considéré comme assez obscur par certains, mais c'est précisément cette obscurité qui permet à l'intuition de saisir l'interprétation.

Le tarot

Jung était également intrigué par le tarot, qui, bien que moins âgé que le *Yi Jing*, est tout aussi abstrait. Le tarot est constitué de soixante-dix-huit cartes illustrées. Chacune comporte une signification particulière allant de la santé à la chance, en passant par la mort. Comme pour les autres méthodes divinatoires, le tarot est un outil qui relie le symbolisme de chaque carte à notre intuition. Si vous décidez de travailler au moyen du tarot, il est utile de vous procurer un livre définissant chaque carte. Vous pouvez aussi vous servir de votre intuition et regarder chaque carte jusqu'à ce que vous arriviez à en capter le message. Pour obtenir des signes, vous pouvez suivre la méthode traditionnelle, qui consiste à étaler les cartes dans un certain ordre et à observer les relations entre elles, mais il est également possible de tirer une seule carte au hasard, après avoir relaxé et vous être concentré. Le tarot est un excellent moyen d'obtenir un signe.

La numérologie

Personne ne sait exactement où est née la numérologie, mais elle remonte à des milliers d'années. Les Mayas étaient connus pour la pratiquer ainsi que les Mésopotamiens, qui ont conçu l'idée que les chiffres pouvaient expliquer la structure de l'Univers. La kabbale, une forme ancienne de mystique juive expliquant l'Univers, soutient que Dieu a créé celui-ci au moyen de lettres et de chiffres. Nombreux sont ceux qui croient que les pyramides d'Égypte et du Mexique renferment des secrets relatifs à la numérologie dans leur architecture et leur structure.

C'est certainement le philosophe grec Pythagore qui a transformé cet art ancien en science. Non seulement il vénérait les chiffres pour leurs qualités mathématiques, mais il croyait également que chacun avait un sens mystique. Pythagore croyait que les nombres étaient une expression des lois fondamentales de l'Univers. Il a déclaré : « Sans les chiffres et leur nature, rien de ce qui existe ne pourrait être compris de quiconque, ni en soi ni par rapport aux autres choses. Vous pouvez observer le pouvoir des chiffres… dans chacun des actes et des pensées de l'homme. »

On peut penser que les chiffres sont le langage de l'Univers. Tout ce qui existe dans le cosmos physique, chaque atome, chaque molécule, chaque dimension ou forme, peut être représenté par des chiffres. En numérologie, les chiffres ne sont pas seulement l'expression de quantités, mais également des symboles possédant chacun sa propre essence et sa propre capacité spirituelle. Si nous désirons nous servir de la numérologie pour obtenir des signes, il est utile d'étudier la signification des différents chiffres, car, dans la vie moderne, nous en sommes constamment entourés. Un aperçu très sommaire du sens de quelques chiffres vous est donné dans le lexique (sous la rubrique « Chiffres »).

Darren se demandait s'il allait vivre seul ou avec des colocataires. Il choisit de se servir des chiffres pour prendre une décision. Lorsqu'il a commencé à remarquer ceux qui apparaissaient le plus souvent dans sa vie, c'est le chiffre sept qui se présentait fréquemment. Il le voyait partout : sur les plaques d'immatriculation, sur des affiches et des dépliants. Il savait que le sept, en numérologie, symbolise le cheminement personnel et la vie intérieure. Il sentit que c'était le signe qu'il devait emménager seul plutôt qu'avec d'autres.

En remarquant les chiffres qui se manifestent spontanément dans votre vie, vous pouvez y voir des signes personnels afin de mieux comprendre votre destinée et vous aider à prendre des décisions sur votre orientation personnelle.

La Quête de vision

L'une des plus anciennes traditions tribales pour demander des signes est la Quête de vision, qui consiste en un rite de retraite solitaire dans la nature. Dans la culture amérindienne, cette quête sert de rite de passage entre l'adolescence et l'âge adulte chez les garçons (et parfois chez les filles). Les visions et les signes que le jeune homme ou la jeune femme reçoit durant ce rite l'aident à déterminer son futur rôle au sein de la tribu. La Quête de vision peut aussi servir tout au long de la vie, chaque fois qu'un individu désire obtenir de l'aide des pouvoirs de l'âme ou mieux comprendre une situation.

Pour les Amérindiens, la Quête de vision prolongeait une expérience religieuse basée sur le sol sur lequel ils marchent, l'air et les animaux qui les entourent, ainsi que la réalité de la vie qui colore chaque instant d'éveil. Ils voyaient la vie comme une longue aventure mystique où l'âme s'adressait à eux par l'intermédiaire de chaque brin d'herbe et de chaque chant d'oiseau. Ils savaient qu'ils étaient constamment entourés de signes, et la Quête de vision leur permettait de rester immobiles afin de pouvoir clairement entendre ceux-ci.

La Quête de vision est un rite qui permet de se concentrer sur des questions personnelles et d'attendre en silence les réponses que la nature envoie sous forme de signes. La nature est peut-être le plus puissant fournisseur de signes, mais les gens qui vivent dans les villes ne sentent plus cette communion immédiate avec la terre et perdent leur capacité d'en écouter les signes. La Quête de vision est une méthode très efficace pour les citadins de retrouver le sens de l'émerveillement et de communier avec la nature. C'est une démarche qui peut transformer la vie de quelqu'un.

« La soif d'un rêve de l'au-delà… sans laquelle vous n'êtes rien », a dit le sorcier sioux John Lame Deer.

Si vous décidez de faire une Quête de vision, il est vraiment préférable de demander à quelqu'un d'expérience de vous accompagner dans cette démarche, mais, de nos jours, il n'est pas toujours possible de connaître un chaman ou un guide pour vous aider. Vous pouvez cependant créer votre propre Quête de vision.

Vous pouvez également créer votre propre cercle d'influences (pierres disposées en cercle au milieu duquel vous vous assoyez durant votre Quête de vision), quelque part dans la nature, où vous ne serez pas dérangé et où vous pourrez observer le mouvement et la fluidité de la vie. Le cercle d'influences est la représentation d'une croyance amérindienne selon laquelle la vie est circulaire plutôt que linéaire. Le cercle formé de pierres représente les grands cercles de la vie. Tout comme un cercle n'a ni début ni fin, la vie telle que les Amérindiens la conçoivent va de la naissance à la mort, pour ensuite recommencer. Le cercle d'influences représente également les saisons, les quatre éléments et les différents stades de la vie.

La première étape pour créer votre cercle d'influences en vue d'une Quête de vision consiste à ramasser des pierres qui semblent avoir un sens pour vous. Il vous faudra quatre pierres correspondant aux points cardinaux et aux quatre éléments. Commencez par l'est en continuant dans le sens des aiguilles d'une montre pour former le périmètre du cercle. Prévoyez suffisamment d'espace au centre, c'est-à-dire un diamètre de deux à quatre mètres, et laissez un espace égal entre chaque pierre. Le début du cercle se situe à l'est et il faut toujours entrer ou quitter le cercle par l'est. Disposez d'autres pierres dans chaque quadrant afin de créer un chemin d'un sens à l'autre. Prenez tout le temps nécessaire pour créer votre cercle, car il s'agit d'un espace sacré à traiter avec respect.

Tandis que vous créez votre cercle d'influences, faites appel à votre intuition pour vous guider. Le plus important est d'effectuer le rite dans le plus grand respect et avec de bonnes intentions. Avant d'entrer dans le cercle pour entreprendre votre Quête de vision, vous devez vous purifier, c'est-à-dire vous laver. Les Amérindiens se purifient en brûlant de la sauge, de l'acore odorant ou du cèdre. (L'encens fait aussi très bien l'affaire, lorsque ces herbes médicinales ne sont pas disponibles.) On offre ensuite une prière au Créateur pour demander grâce.

Vous pouvez commencer par planifier une Quête de vision de vingt-quatre heures, allant du lever du soleil jusqu'au lever de soleil du lendemain. Bien que traditionnellement, on n'apporte pas de nourriture ni d'eau durant ce rite, je suggère que vous apportiez un contenant d'eau dans votre cercle de pierres. Et si vous souffrez d'hypoglycémie ou de diabète ou encore que vous êtes enceinte, vous devez aussi apporter les aliments nécessaires dans votre cercle sacré. Vous pouvez quitter le cercle pour uriner ou déféquer, mais respectez l'environnement, si vous utilisez du papier (rapportez-le avec vous en partant).

Il suffit de vous asseoir et d'écouter ce que vos sens perçoivent à l'intérieur et à l'extérieur. Vous pouvez aussi apporter un cahier et y noter ce que vous ressentez. Quelle que soit la manière, vous pouvez demander des signes en posant des questions précises. En voici des exemples :

> Qui suis-je ?
> Quelle est ma raison d'être ?
> Quels sont mes objectifs ?
> Y a-t-il quelque chose que je doive changer dans ma vie ?

Tandis que vous êtes assis en silence au centre du cercle, écoutez et observez les mouvements de la nature autour de vous, les oiseaux, les insectes et les animaux. Écoutez le vent. Regardez le mouvement des nuages et remarquez le temps qu'il fait. Si vous prenez vraiment le temps d'écouter, vous obtiendrez des signes remarquables susceptibles de changer le cours de votre vie. (Voir le chapitre 4, pour savoir comment déchiffrer les signes.)

Lorsque votre quête sera terminée, vous pourrez démanteler le cercle, mais en respectant le rituel, c'est-à-dire en procédant dans le sens inverse des aiguilles d'une montre. Vous pourrez conserver vos pierres ou les rendre à la terre ou à la mer.

Parfois, les signes se présentent sous forme de sensation, au cours d'une Quête de vision, plutôt que concrètement. Bryce faisait partie d'une Quête de vision que je dirige chaque année aux États-Unis. C'était un homme plutôt prospère et, en grande partie, satisfait de sa vie. Pourtant, il avait le sentiment qu'il lui manquait quelque chose. Comme il n'arrivait pas à identifier de quoi il s'agissait, il pensa qu'en faisant une Quête de vision, il trouverait. Le premier jour, il construisit minutieusement son cercle de pierres puis s'assit au milieu, mais il était agité, songeait à son entreprise et prenait note mentalement des choses à faire. Il réfléchit à la façon de rénover sa maison et planifia les détails de son prochain voyage. Son esprit était occupé par un tas de petites choses et il ne parvenait pas à se détendre.

Le soir, Bryce regarda les étoiles et se promit d'essayer d'apaiser son esprit le lendemain. Mais quand il se réveilla, non seulement ses pensées ne s'étaient pas calmées, mais il se sentait encore plus agité que la veille. Il médita sur son ex-femme, des expériences de l'enfance, ses parents et des gens auxquels il n'avait pas pensé depuis des années.

Bryce n'arrivait pas à s'arrêter de penser et ne captait aucun signe. Découragé, il regarda le soleil se coucher à l'horizon. Soudain, ce fut comme si la terre s'était arrêtée de tourner. Plus le moindre souffle de vent. Aucun chant d'oiseaux. Même les insectes semblaient s'être tus. Bryce inspira profondément et sentit le calme l'envahir. Brusquement, un hibou se fit entendre dans le crépuscule et Bryce sentit résonner le hululement dans tout son corps. Quand il leva les yeux pour chercher d'où venait le cri, il aperçut une étoile par une petite ouverture dans le mince nuage au-dessus de lui et sut que c'était le signe qu'il attendait. C'était l'étoile la plus brillante qu'il ait jamais vue, et en l'observant, il se mit à pleurer. Il sentit que sa vie ressemblait aux nuages et qu'une réalité plus profonde se cachait derrière. La brillante lumière de son véritable soi, caché depuis trop longtemps. Il prit conscience qu'il lui suffisait de calmer son esprit pour atteindre sa vérité rayonnante.

Bryce resta éveillé toute la nuit à observer la danse nocturne des nuages et des étoiles. Il a dit qu'il avait fait l'expérience de se sentir un être infini. Il savait désormais qu'il n'était pas limité à son corps et à sa vie. Il sentit une profonde communion avec toute la vie autour de lui. Lorsque le soleil s'est levé le lendemain, il eut l'impression qu'il voyait le monde différemment. La lumière était plus vive, les couleurs aussi. L'air semblait plus frais. Il avait demandé un signe, et la réponse était passée par son âme.

Vous entourer de signes

Tout ce qui vous entoure reflète votre être intérieur. Les signes visibles qui vous entourent sont les symboles de votre monde invisible. À chaque instant de votre vie, vous traversez une « forêt de symboles » qui révèlent constamment votre réalité personnelle. Toutefois, si vous souhaitez changer cette réalité, vous pouvez modifier les signes qui vous entourent afin de créer un gabarit d'énergie. (Un gabarit est un moule ou une matrice, comme une fine plaque de métal creusée, qu'on utilise dans les travaux de précision, comme en ébénisterie, par exemple. Le terme est également utilisé en biochimie pour désigner une molécule d'acide nucléique, comme l'ADN, qui sert de modèle pour la synthèse d'une macromolécule, comme l'ARN.)

Vous entourer de vos signes personnels créera un nouveau modèle qui pénétrera profondément dans votre subconscient afin de vous aider à modifier une programmation négative profonde. Lorsque votre nouvelle programmation intérieure subira l'influence du nouveau schème, vous commencerez à projeter un nouveau champ d'énergie. La vie et les gens réagiront à ce nouveau champ d'énergie. Littéralement, l'univers autour de vous s'ajustera pour correspondre à l'énergie que vous dégagez. Par exemple, si vous voulez ressentir une profonde paix intérieure, entourez-vous de signes qui la symbolisent pour vous. Si c'est la colombe, la couleur bleue ou la lune, alors mettez-en dans votre environnement. Ce type de symbolisme inversé est efficace. Par exemple, si vous avez de mauvaises habitudes dont vous désirez vous débarrasser, arrachez les mauvaises herbes dans votre jardin. Si vous souhaitez plus de fluidité dans votre vie, nettoyez votre gouttière. En vous entourant de signes correspondant à ce que vous désirez créer ou dégager, vous saurez mieux ce que voulez dans la vie.

Joan désirait s'engager davantage dans la guérison des gens. Elle avait choisi l'ancien symbole égyptien de la croix ansée et la couleur verte comme signes. Elle a donc créé un moule de guérison en disposant des plantes dans sa maison et en s'entourant de vert. Elle s'est également procuré des croix ansées, qu'elle a placées un peu partout chez elle. Ainsi, ses signes personnels ne reflétaient pas seulement son état intérieur, mais agissaient également comme messages à son subconscient pour programmer ces qualités dans sa vie.

Il n'y a pas de mauvais choix

Il arrive parfois dans la vie que tous les signes indiquent une direction, mais que vos désirs (ou votre intuition) vous orientent différemment. Il n'y a jamais de mauvais choix, car tous ceux que nous faisons nous permettent de grandir et de nous épanouir en tant qu'êtres humains. Choisissez la voie la plus avantageuse pour vous, même si vous avez alors l'impression de ne pas suivre les signes.

Lorsque mon mari et moi étions à la recherche de notre première maison, nous en avions visité une très jolie. En approchant de la maison, j'avais aperçu une grande plume sur la pelouse près de la porte d'entrée. C'était la plus parfaite plume de hibou que j'avais vue de toute ma vie. À l'arrière, une magnifique plume de corneille se trouvait sur la terrasse. J'ai alors pensé : « *Voilà d'excellents signes* », car le hibou et la corneille sont deux de mes totems. Tous les signes favorisaient cette maison. Mais mon mari a dit : « Il y a trop de rénovations à faire. Si nous achetons cette maison, nous serons en chantier pendant un an. » Nous en avons donc choisi une autre et, malgré les signes qui nous orientaient vers la précédente, je n'ai jamais regretté notre décision. Lorsque vous observez les signes, sachez être conciliant envers vous-même. Ne les utilisez pas pour accentuer votre vision négative ni pour faire quelque chose que vous ne souhaitez pas réaliser. Les signes sont de petits encouragements provenant de l'Univers, de votre moi supérieur, de vos guides et du Créateur, mais vous êtes le maître de votre destinée et il n'y a pas de mauvais choix.

Il arrive aussi que vous suiviez les signes et que le résultat vous semble erroné. Pourtant, avec le recul, vous constaterez généralement que si l'objectif immédiat ne vous a pas paru souhaitable, il n'en est pas de même à long terme.

Hanna avait été invitée à un rendez-vous surprise. Tous les signes étaient positifs, et elle avait accepté. Lorsque l'inconnu s'est présenté chez elle, elle a tout de suite su que la soirée serait un désastre, car l'homme ne lui plaisait pas du tout. Mais comme elle ne pouvait pas trouver d'excuse pour se défiler, elle accompagna quand même l'inconnu à la soirée dansante. Or, tandis qu'elle dansait en se jurant de ne plus jamais accepter ce genre de rendez-vous (même si les signes étaient excellents), un bel homme entra dans la salle. Elle en tomba amoureuse et vécut une belle relation durable avec lui.

4 Comment interpréter les signes

Les signes sont un point de distillation à travers lequel le cosmos filtre dans notre réalité physique. Ils intègrent des abstractions spirituelles auxquelles ils donnent un sens concret dans notre vie. Les signes ne sont pas des symboles rigides et inertes ; ils reflètent au contraire le dynamisme entre les forces de l'Univers. Quand un signe vous apparaît, sa signification peut vous sembler évidente dès le premier abord, mais autrement, il existe de nombreux moyens d'en interpréter le sens. Chacun a sa propre valeur et peut vous mener vers la compréhension de vous-même. La façon d'interpréter un signe est moins importante que le sens que vous y trouvez. Vous pouvez considérer chaque signe comme une révélation nouvelle et distincte ou interpréter vos signes globalement.

Voici quelques méthodes pour interpréter vos signes. Vous pouvez vous servir de plusieurs à la fois ou en choisir une en particulier. Essayez-les jusqu'à ce que vous trouviez celle qui vous convient le mieux. Rappelez-vous que la meilleure méthode est toujours celle qui fonctionne le mieux pour vous.

Méthode 1 : L'intuition

L'intuition est sans doute le moyen le plus efficace pour interpréter les signes. Lorsqu'un signe se présente, posez-vous une question très simple pour vous aider à vous brancher sur votre intuition : « Si je savais ce que signifie ce signe, qu'est-ce que ce serait ? » Si votre conscient proteste qu'il n'en a pas la moindre idée, la question vous permettra alors d'aller au-delà pour vous diriger vers les profondeurs de votre subconscient. La question vous mettra en position de demander à votre conscient : « Je sais que tu ne sais pas ce que ce signe signifie, mais si tu le savais, que voudrait-il dire ? » Cette méthode semble presque trop facile pour être efficace, et pourtant elle produit souvent des résultats remarquables.

Ron fut témoin d'un événement bouleversant. Assis sur un rocher au bord de l'océan, il observait les vagues rouler sur le rivage quand il aperçut un aigle plonger et saisir un gros saumon dans ses serres. Le poisson était lourd et l'aigle peinait à le sortir de l'eau. Un combat s'est engagé entre l'aigle, qui battait furieusement des ailes pour rester en l'air, et le puissant saumon, qui se débattait pour replonger. Soudain, le saumon, d'un bon coup de nageoire, réussit à replonger violemment en entraînant l'aigle à sa suite. Puis la mer redevint calme.

Ron savait que cet incident était un signe puissant qui lui était adressé, mais n'en avait pas identifié la teneur et vint me consulter. Je lui dis : « Ron, je sais que tu ne sais pas, mais *si* tu le savais, qu'est-ce que ce signe voudrait dire ? » Ron répondit presque aussitôt : « Eh bien, je ne le sais pas vraiment, mais *si* je le savais, ce serait que je dois lâcher prise à l'égard d'une relation que je vis, sinon je serai entraîné dans le gouffre du désespoir. » Il poursuivit en expliquant qu'il avait toujours eu du mal à quitter certaines personnes ou situations, même sachant qu'elles ne lui apportaient plus rien. La relation qu'il vivait était devenue malsaine, mais il n'arrivait pas à s'en défaire. Il interpréta la noyade de l'aigle comme un signe qu'il était grand temps d'y mettre un terme.

Comme les symboles diffèrent souvent d'une personne à l'autre, il est important de faire confiance à ce qui vous vient à l'esprit en premier lieu, quand vous faites appel à votre intuition. Quelqu'un d'autre ayant assisté au même spectacle aurait pu s'identifier au saumon plutôt qu'à l'aigle et se dire : « Même dans les pires difficultés, on ne doit *jamais* renoncer ! » Une autre encore, en observant la mer redevenue calme après la bataille, pourrait se dire : « Même les luttes les plus âpres sont bien peu de chose dans l'immensité de la vie. »

Méthode 2 : Surveiller les sensations

Identifier la sensation ou l'émotion que vous éprouvez par rapport à un signe peut souvent offrir un indice très utile pour en interpréter le sens. Pensez au signe, fermez les yeux, apaisez votre esprit et essayez de voir quelle émotion vous y associez. Lorsque vous l'aurez identifiée, fouillez dans votre passé et rappelez-vous la dernière fois que vous avez éprouvé la même. Souvenez-vous d'une situation qui évoque la même émotion. Remarquez les souvenirs qui y sont rattachés. Quel est leur message ? Le plus souvent, votre signe est soit associé à cette situation en particulier soit à des problèmes sous-jacents. Observer les émotions liées à un signe peut être un véritable indice pour vous aider à en trouver le sens.

Chellie se promenait dans le parc quand elle entendit un bruit assourdissant derrière elle. En se retournant, elle vit qu'un gros arbre était tombé tout près. Elle savait que c'était un signe, mais ne pouvait pas l'interpréter. Lorsque je lui ai demandé quelle émotion elle associait à l'arbre tombé, elle répondit qu'elle se sentait triste. Je lui ai demandé de se rappeler la dernière fois qu'elle avait ressenti le même genre de tristesse. Spontanément, un souvenir d'enfance dans la forêt avec son grand-père lui vint à l'esprit.

Chellie allait chaque année dans la forêt avec son grand-père pour couper du bois. Parfois, il coupait un arbre entier, qui s'abattait bruyamment sur le sol. Elle adorait son grand-père et fut très triste, quand, peu de temps après leur dernière excursion en forêt, elle apprit sa mort dans un accident d'automobile alors qu'il était en vacances. Lorsqu'elle examina les circonstances de sa vie présente, elle constata que son fils aîné, qui ressemblait à son grand-père, s'apprêtait à partir en vacances et elle craignait inconsciemment qu'il lui arrive quelque chose. L'arbre tombé derrière elle dans le parc projetait son inquiétude. En se servant de ce signe pour découvrir ce qui se passait dans son subconscient, elle put se rendre compte que son anxiété était en réalité basée sur le passé plutôt que sur le présent, et cette prise de conscience fit disparaître son angoisse.

Méthode 3 : Devenir le signe

Cette méthode préconise de *devenir* vous-même le signe. Si vous l'utilisez, vous direz : « Je suis le signe de .... et je __________. » (Dites ce qui vous vient spontanément à l'esprit.) Si plusieurs signes sont présents en même temps (comme dans l'exemple précédent, avec l'aigle, le saumon et la mer), imaginez que vous vous transposez dans chacun d'eux, à tour de rôle. Continuez jusqu'à ce que chaque signe soit clairement défini.

Imaginez ensuite qu'ils se parlent entre eux. Par exemple, Géraldine venait de déposer sa fille à son cours de danse quand elle aperçut un chat courir après un chien dans la rue. Au bout d'un moment, le chien s'arrêta pour tenter de confronter son attaquant, mais le chat furieux fit le dos rond et sortit les griffes. Du coup, le chien fit demi-tour et s'enfuit. Géraldine sut intuitivement que c'était un signe et, pour savoir ce qu'il signifiait, utilisa la méthode « devenir le signe ». Elle imagina d'abord qu'elle était le chat et se dit : « Je suis le chat et je suis indomptable et courageux. » Puis elle se mit dans la peau du chien et se dit : « Je suis le chien et tout le monde s'attend à ce que je sois brave, mais je ne suis pas si brave que ça et je n'aime pas les conflits. » Elle imagina ensuite que les deux se parlaient. Le chat disait au chien : « Tu es tellement froussard que même un chat peut te faire peur. » Et le chien répondait : « Je n'ai pas envie de me battre et je n'ai même pas envie d'être un chien. » Au cours de ce dialogue intérieur entre les deux signes, Géraldine se rendit compte que le chat et le chien reflétaient la lutte qu'elle se livrait à elle-même.

Géraldine était en plein divorce, et c'était très pénible. Comme elle était plutôt aimable et conciliante, sa tendance naturelle la portait à ne rien demander, parce qu'elle n'aimait pas se battre. Mais les signes lui indiquaient de faire face, car elle était en meilleure position qu'elle ne le croyait. En effet, de la même façon que la plupart des chiens sont plus forts que les chats, *elle* était en réalité plus forte qu'elle ne le sentait. Elle sut que le signe lui suggérait de tenir tête. Géraldine avait une seconde interprétation, mais le message était essentiellement le même. Elle vit que même si le chat était plus petit, sa force et son courage lui avaient permis de vaincre l'adversité. Elle se rendit compte qu'en dépit de son apparente faiblesse par rapport à son ex-mari, si elle affichait plus de cran plutôt que de baisser les bras, la situation tournerait en sa faveur. Plus tard, elle fut heureuse de dire qu'elle avait suivi le conseil des signes et que tout s'était très bien passé.

Méthode 4 : Tenir un journal des signes

Consignez vos signes personnels. Surveillez les thèmes, les sensations et les symboles récurrents. D'importants messages du subconscient se révèlent par l'intermédiaire de ce moyen. Chaque fois qu'un signe apparaît dans votre vie, notez-le, puis faites la liste des significations que vous lui donnez. Ajoutez-y les signes qui vous viennent de votre héritage ancestral, de votre famille, de votre culture et de vos vies antérieures (voir l'introduction). Au fur et à mesure que vous en prenez note, mettez-les par ordre alphabétique. Vous pourrez ainsi vous reporter à votre lexique personnel chaque fois qu'un signe se manifestera et vous vous apercevrez que plus vous l'utiliserez, plus vous comprendrez les symboles dont vous aurez fait la liste. Il s'agit là d'une façon très efficace d'augmenter la conscience de soi.

Méthode 5 : Demander à votre guide

Chaque être humain a ses guides, qu'il le sache ou non. Ceux qui communiquent consciemment avec leurs guides disposent d'une grande richesse de ressources dans lesquelles puiser. Les guides nous viennent du royaume des esprits. Ils ont une perspective unique de l'Univers, de la Création et de l'âme. Ce sont des entités subtiles, non physiques, qui sont là pour nous guider, nous aider et nous aimer. Ils font office de professeurs et de protecteurs et ils peuvent nous aider à nous orienter ainsi qu'à accéder à notre vie intérieure.

Lorsque j'ai commencé à pratiquer des régressions avec mes clients, j'ai d'abord été intriguée par un phénomène qui se produisait spontanément chaque fois. En effet, lorsque mon client se trouvait en méditation profonde, une forme de gardien apparaissait toujours, pendant son exploration intérieure. Parfois, ce gardien ou ce guide se présentait en costume d'époque, c'est-à-dire habillé comme s'il venait d'un autre temps. D'autres fois, le guide se manifestait sous la forme d'une lumière, d'un son, d'un symbole ou même d'un animal. Mais il était toujours accompagné d'un sentiment d'amour.

Il semble que quelque chose d'inhérent à nos voyages intérieurs permette à nos gardiens de se manifester. Non seulement ils apparaissent spontanément aux gens qui font des régressions, mais ils se manifestent également dans d'autres formes de voyage intérieur. Les personnes ayant vécu une expérience de mort imminente rapportent souvent avoir été guidées par des entités spirituelles protectrices et remplies d'amour. Les gens qui méditent et même ceux qui séjournent dans des caissons d'isolation signalent avoir vu leurs guides et leurs gardiens. Il se peut que lorsque nous prenons le temps de rester immobiles et de nous centrer, nous soyons plus en mesure de sentir leur présence.

Je crois que les guides sont des êtres spirituels qui existent à des niveaux supérieurs de la conscience et qu'ils veillent sur notre évolution. On peut aussi les voir comme une partie de soi. Les psychologues sont généralement de cet avis et expliquent que les guides sont en fait des aspects de nous-mêmes que nous ne connaissons pas encore et que nous n'avons donc pas intégrés dans notre personnalité. Quelle que soit votre croyance sur l'origine des guides, vous découvrirez qu'ils peuvent être d'une grande utilité, quand il s'agit de trouver le sens d'un signe.

Pour entrer en contact avec votre guide, détendez-vous quelques minutes, puis visualisez-le ou imaginez-le. Si vous n'y arrivez pas, demandez-vous : « Si j'avais un guide, à quoi ressemblerait-il ? » et faites-vous-en une image. Vous pouvez aussi imaginer ou sentir une grosse boule de lumière dorée, blanche ou argentée. Entourez-vous d'une bulle de lumière, d'amour et de protection. Ensuite, vous pourrez vous dire, à haute voix ou en vous-même : « *Cher guide, je te demande ton aide pour comprendre ce signe. Aide-moi à en saisir le sens. En échange, j'envois de la paix et de la gratitude dans l'Univers.* »

Après avoir fait cela, imaginez que votre guide vous dévoile le sens du signe. Même si l'exercice semble d'une grande simplicité, il produit souvent des résultats remarquables.

Méthode 6 : Les associations d'idées

Cette méthode consiste à écrire des idées (celles qui vous viennent spontanément à l'esprit), que vous associeriez à chaque signe afin d'obtenir un indice sur son sens. Par exemple, imaginons que vous voyez du lierre comme signe. Cela pourrait vous faire penser à quelque chose d'attachant, un tendre lien, une passion, la fidélité ou, au contraire, à une entrave, quelque chose d'encombrant, d'envahissant et qui vous colle à la peau. Peut-être devriez-vous examiner la relation que vous vivez , à savoir si elle est épanouissante ou étouffante.

Méthode 7 : Faire semblant de rencontrer un Martien

Faites semblant que vous parlez de votre signe à un être venant d'une autre planète. Imaginez que cet être ne connaît absolument rien de la nôtre. Par exemple, si votre signe est un bélier, comment le décririez-vous à votre ami de la planète Mars ? Vous pourriez dire : « Le bélier est un animal très masculin qui jouit d'une grande force. Il fonce droit devant et rien ne l'arrête. » Après avoir décrit le bélier à votre ami extraterrestre imaginaire, vous pourriez examiner votre vie et noter s'il s'y trouve quelque chose s'apparentant aux qualités que vous avez attribuées au bélier. Par exemple, vous êtes peut-être engagé dans un projet où vous devez vous frayer un chemin pour atteindre l'objectif. En donnant une définition concrète du signe à l'extraterrestre, dans des mots simples, vous verrez souvent son sens apparaître clairement.

Méthode 8 : Fouiller chez les ancêtres

Dans l'héritage ancestral de chaque personne se trouvent des signes dont leurs ancêtres ou leur culture se servaient. Même si vous n'êtes pas conscient de ce que ces signes représentent pour vous, ils sont néanmoins inscrits dans votre mémoire génétique. Par exemple, dans une certaine culture européenne de l'Est, on croit qu'un rêve comportant de l'eau signifie que quelqu'un va mourir. Dans une autre, si on entend un hibou hululer, cela veut dire qu'il pleuvra. Si vous cherchez l'usage des signes chez vos ancêtres, vous découvrirez peut-être des significations susceptibles de vous être utiles dans votre vie d'aujourd'hui (voir le chapitre 2).

Méthode 9 : Consulter un dictionnaire

Une méthode très simple pour déchiffrer votre signe consiste à consulter un dictionnaire. Il suffit souvent de lire la définition exacte d'un signe, pour vous aider à en comprendre le sens.

Méthode 10 : Consulter le lexique des signes

Consultez le lexique qui suit pour y chercher votre signe. Bien que toutes les définitions ne concordent pas toujours avec ce que vous avez vu personnellement, vous y trouverez une piste.

En interprétant les signes, soyez le plus conciliant possible envers vous-même. Par exemple, si vous avez eu une crise cardiaque, vous pourriez penser que c'est parce que vous ne donnez pas assez d'amour, mais n'en faites rien. Soyez tendre avec vous-même et dites-vous plutôt que cela indique de vous reposer davantage, de mieux profiter de la vie et d'être heureux. Si vous faites l'expérience d'un énorme désastre, cela ne veut pas nécessairement dire que vous êtes une calamité. Votre présence était peut-être nécessaire pour neutraliser la difficulté. Vous teniez peut-être le rôle d'une lumière de compassion, dans les ténèbres. Si vous n'avez pas une grande estime de vous-même, ne vous servez pas des signes pour vous condamner davantage. Recherchez toujours l'interprétation la plus douce possible.

Le lexique qui suit est loin d'être exhaustif, mais il peut vous fournir un point de départ pour comprendre vos signes. Rappelez-vous que vous seul êtes en mesure de comprendre le sens véritable d'un signe. Servez-vous des suggestions du présent ouvrage pour vous aider à en faire l'interprétation. Lorsqu'un signe se manifeste, consultez le lexique pour voir si quelque chose y correspond. Parfois, le fait de reconnaître que la définition fournie ne correspond pas est aussi bénéfique que le contraire. En effet, lorsqu'on sait que quelque chose n'est pas exact, cela signifie, jusqu'à un certain point, qu'on sait ce qui l'est. De nombreux signes auront des sens apparemment contraires. Choisissez celui qui vous convient le mieux. Vous serez attiré par la définition dont vous avez besoin. Les significations figurant dans le lexique visent à stimuler votre conscience intérieure. Certaines sont présentées littéralement, d'autres représentent des symboles courants, d'autres encore sont des métaphores ou des jeux de mots, ou relèvent de la pure intuition. J'ai accompagné certains sens de questions auxquelles vous pourrez répondre, de manière à disposer d'indices supplémentaires.

Lexique des signes

Abandonné / Abandon

• Avez-vous l'impression d'être tenu à l'écart ou d'être exclu ? Vous sentez-vous délaissé ? Avez-vous permis à un groupe, à une personne ou à des conventions sociales d'exercer sur vous un ascendant, dont vous vous sentez désormais dissocié ? Le cas échéant, c'est le moment de reprendre la maîtrise de votre vie et de trouver votre propre vérité.
• Avez-vous abandonné quelque chose ou quelqu'un alors que vous n'auriez pas dû ?
• Devriez-vous renoncer à quelque chose ou vous en libérer ? Devriez-vous lâcher prise ? Serait-ce le moment de quitter quelqu'un ou une situation qui ne vous convient plus ?
• L'abandon peut représenter des sentiments inconscients issus de l'enfance ou même de vies antérieures et ayant trait à un manque. Si c'est le cas, il est très important de régler ce problème, car l'apitoiement est destructeur.
• Les symboles d'abandon peuvent aussi apparaître après le décès d'un proche qui donnait un sens à votre existence ou alimentait votre estime personnelle. Le moment est venu de trouver votre propre valeur intérieure.
• L'abandon peut signifier le besoin de s'accepter soi-même. Avez-vous laissé tomber une part de vous-même ? Il s'agit peut-être d'un talent potentiel, d'une aptitude non développée ou d'un élan instinctif. Prenez le temps de l'identifier et faites-lui une place dans votre vie.
• Les signes d'abandon indiquent parfois que vous devriez laisser tomber vos inhibitions et vous abandonner. C'est peut-être le temps de jouir d'une plus grande liberté, de vous libérer des chaînes des conventions qui vous retiennent.
• Des signes d'abandon peuvent se manifester juste avant de devenir plus autonome.

Abbaye (Voir aussi ***Église, Maison, Monastère, Temple***)
• Une abbaye est habituellement un lieu saint et ancien susceptible de symboliser le divin en vous. Elle peut représenter votre essence spirituelle.

Abdomen

• Ce signe correspond souvent au deuxième chakra, le *hara*. Ce centre d'énergie situé sous le nombril est associé aux émotions. La région inférieure de l'abdomen peut aussi avoir trait aux sensations sexuelles.
• Vous devriez peut-être prêter attention à un problème de santé touchant votre abdomen.
• L'abdomen peut être associé à des sentiments de vulnérabilité. Vous sentez-vous vulnérable ?
• Ce symbole peut être en rapport avec la digestion. Savez-vous assimiler les leçons de la vie, en ne prenant que ce dont vous avez besoin ?

Abeille

• Dans les hiéroglyphes de l'Égypte ancienne, l'abeille était associée à l'ordre social royal, sans doute parce qu'elle représentait le labeur, la production et la collaboration. En Grèce, les abeilles symbolisent le travail et la productivité. Selon l'oracle de Delphes, les âmes étaient représentées par des abeilles parce qu'elles se déplacent en essaim et que l'on croyait que les âmes voyageaient de la même façon. Durant la période romane en Europe, les abeilles étaient les symboles du zèle. C'est peut-être le signe d'être plus assidu.
• Quelque chose « pique » peut-être votre curiosité ?

Aborigène

• Un aborigène peut symboliser la part fondamentale de vous-même, c'est-à-dire l'instinct. Peut-être avez-vous besoin d'entrer en contact avec votre nature intrinsèque ?
• Il peut aussi représenter une partie de vous-même que vous ne connaissez pas encore. Retournez à vos racines. Mettez-vous en contact avec notre mère la Terre et écoutez sa sagesse.

Accident

• Un accident peut être la conséquence d'un manque d'attention. Devriez-vous examiner votre vie de plus près ?
• Avez-vous l'impression d'être victime d'un changement soudain ? Rappelez-vous qu'il n'y a pas de victimes, seulement des personnes consentantes. Si vous vous sentez brimé, essayez de trouver un domaine de compétences où vous pouvez exercer votre sens des

responsabilités et mener la barque. Cela augmentera votre sentiment de pouvoir et améliorera votre champ d'énergie. Le champ d'énergie des victimes est plus faible que celui des gens qui prennent la responsabilité de leurs actes.

• Si l'accident est dû à la vitesse, il y a peut-être un aspect de votre vie où vous allez trop vite. Ralentissez, prêtez attention et prenez le temps d'assimiler vos expériences.

• Ce signe peut être la prémonition d'un accident, mais rappelez-vous que rien n'est immuable. Prenez le temps de relaxer. Restez vigilant, afin d'éviter une éventuelle catastrophe. Les accidents sont en réalité moins « accidentels » qu'on ne le croit. Si vous acceptez la notion suivant laquelle les croyances du subconscient influencent bon nombre des circonstances de votre vie, il en résulte logiquement que de nombreux prétendus « accidents » sont en fait la conséquence directe de décisions de votre subconscient. Évitez toute action susceptible de vous exposer à une situation dangereuse.

Acteur / Actrice

• Les rôles que nous jouons dans la vie ne sont qu'illusions. Vous arrive-t-il de devoir porter un masque ou de chercher à vous échapper de la réalité ?

• Cela peut symboliser la déception ou des apparences trompeuses. Quelqu'un de votre entourage joue peut-être un rôle et n'est pas authentique avec vous. Ou vous percevez-vous comme quelqu'un de faux ?

• Êtes-vous satisfait de votre comportement dans la vie ?

• Ces signes représentent parfois le prestige, l'exaltation, les feux de la rampe, le centre d'attention, l'admiration des autres. Auriez-vous envie de descendre de scène et de devenir plutôt la vedette de votre propre vie ?

• Le théâtre ou le cinéma amateur ou professionnel est-il un domaine que vous souhaiteriez explorer de plus près ?

• Ce signe peut aussi indiquer de ne pas tarder à agir, de faire le nécessaire dès maintenant !

Adolescent

• L'adolescence est une période de grands bouleversements et parfois de marasme. L'adolescent est en quête de lui-même et de son orientation dans la vie. Quelles sont vos valeurs ? Qu'y a-t-il de vraiment important à vos yeux ?

Adultère

- L'adultère peut symboliser le conflit entre vos devoirs et vos désirs. Vous sentez-vous partagé entre ce que vous voulez faire et ce que vous devez faire ?
- Cela peut signifier que vous êtes attiré, chez quelqu'un d'autre, par une qualité que vous ne possédez pas vous-même.
- Songez-vous à tromper votre conjoint ? Est-ce qu'une personne que vous chérissez commet l'adultère ? Seriez-vous démesurément jaloux et incertain de votre relation avec votre conjoint ?

Aéroport

- Un aéroport est le point de départ vers l'étranger et de nouveaux horizons. Serait-ce le temps de faire un voyage ou de vous lancer dans un nouveau projet ? Souhaitez-vous partir à l'aventure ?

Agent de police

- Avez-vous besoin de la protection et de l'orientation d'une figure d'autorité ?
- Vous sentez-vous coupable relativement à un acte pour lequel vous pourriez être puni ? Parfois, ce signe indique que vous n'avez pas la conscience tranquille et qu'une partie de vous désire être punie.
- Cela peut être un signe d'acceptation de l'autorité.

Agneau

- Historiquement, l'agneau symbolise la pureté, l'innocence et même l'humilité. Dans la vie, il y a des moments pour le dynamisme et la détermination, et d'autres pour l'humilité. Devriez-vous être plus modeste ?
- Avez-vous l'impression de vous sacrifier ? Laissez rugir le lion en vous !

Agressivité

- Si vous êtes entouré de gens agressifs ou que vous voyez des signes d'agressivité partout autour de vous, vous en niez probablement la présence au-dedans de vous. L'agressivité refoulée est très destructrice. Il est très important de la reconnaître, de l'accepter, puis de la libérer.

• Ce signe peut vouloir dire que quelqu'un est agressif à votre égard, même si vous n'en avez pas conscience. Prenez le temps de porter attention à votre entourage, pour voir de qui il s'agit, puis faites le nécessaire.

Aigle

• Voici un signe très puissant. Pour les autochtones du monde entier, l'aigle est le symbole du Créateur. Il établit la connexion entre vous et le Grand Esprit. Dans l'Égypte ancienne, l'aigle était considéré comme l'emblème de l'illumination, car il symbolisait le jour et le soleil. Dans l'ancienne Europe du Nord, il était associé aux dieux de la force, du pouvoir et de la guerre. Dans de nombreuses cultures anciennes, l'aigle était un messager des cieux. Sur les pièces de monnaie romaines, il représentait le pouvoir impérial. Écoutez attentivement, lorsque ce signe vous apparaît, car il peut signaler une période de pouvoir et de force dans votre vie.

• Un aigle peut être le signe d'une liberté en plein essor qui vous permet de voir la vie de très haut. Si vous êtes embourbé dans une situation, mettez les choses en perspective.

Ailes

• Un signe puissant représentant la liberté personnelle. Le moment est venu de vous élancer. Vous êtes libre. La transcendance et la libération sont à vos portes.

Aimant

• Ressentez-vous une attirance irrésistible pour quelqu'un ou quelque chose ?

Aladdin

• La vie peut être magique. Vos souhaits peuvent être exaucés.

Alarme

• Ce signe peut être un avertissement. Soyez vigilant, le danger vous guette. Êtes-vous sur la voie qui vous convient, en ce moment ?

Alcool

• L'alcool peut indiquer l'engourdissement des sens, l'absence de sensations. Cela peut représenter le déni de soi et le désir de s'échapper de la réalité.
• Ce signe peut en revanche symboliser l'amitié et la fête.
• Il peut aussi représenter la transformation. Jésus a dit : « Ceci est mon sang », après avoir transformé de l'eau en vin, à la dernière Cène.

Aliments

• Habituellement, les aliments représentent ce qui nourrit. Spirituellement, mentalement, physiquement ou sur le plan émotif. Chaque aliment a un sens différent. Par exemple, un steak saignant a un sens très différent de celui d'une belle pomme rouge. De plus, les aliments sont souvent associés à des souvenirs très puissants. Si votre mère vous a forcé à manger du foie, lorsque vous étiez enfant, cet aliment vous répugne peut-être. En revanche, si vous souhaitiez devenir joueur de football et que vous mangiez du foie pour être plus robuste, alors cet aliment est peut-être synonyme de force, pour vous. Notez les émotions et les souvenirs rattachés à l'aliment en particulier, afin de savoir ce qu'il signifie pour vous..

Allergie

• Une allergie est une hypersensibilité à l'environnement extérieur, l'organisme étant incapable de résister aux stimuli extérieurs ou de les assimiler. Y a-t-il quelque chose contre quoi vous avez du mal à résister ou que vous n'arrivez pas à absorber ? Êtes-vous hypersensible à quelque chose ? Devriez-vous être immunisé contre une substance ?

Alligator (Voir ***Crocodile***)

Allumette

• Une allumette allumée peut correspondre à votre lumière intérieure qui luit. Si elle n'est pas allumée, elle recèle peut-être un potentiel non encore révélé.

Ampoule

• Une idée lumineuse est peut-être sur le point de jaillir ?

Amputation

• Cela pourrait renvoyer à une partie de vous-même que vous cédez. Par exemple, une jambe amputée pourrait signifier que vous manquez d'arguments sur lesquels vous appuyer ou que vous ne bougez pas assez. Une main amputée pourrait indiquer que vous êtes incapable de saisir la situation.
• Êtes-vous en train de libérer une partie de vous-même à laquelle vous vous étiez identifié mais qui ne correspond pas à votre véritable personnalité ?
• Vous coupez-vous de gens, de situations ou de certains aspects de vous-même que vous devriez plutôt intégrer ?

Ancre

• L'ancre, c'est la force, la sécurité. En auriez-vous besoin ? Ou, à l'inverse, quelqu'un ou quelque chose représente-t-il une entrave à votre liberté ? Vous sentez-vous accroché à quelqu'un ? Qui vous retient ?

Âne

• L'âne est le signe d'une longue tolérance. Êtes-vous assez patient avec vous-même et les autres ? Êtes-vous trop patient et pas suffisamment productif ?
• Cela peut aussi être le signe de l'entêtement. Vous montrez-vous entêté, ou refusez-vous de voir les choses sous un autre angle ?

Anesthésie

• L'anesthésie peut signifier que vos sens sont engourdis, que vous êtes incapable de percevoir ce qui se passe autour de vous. Ce peut être un désir d'éviter la vie. Étouffez-vous vos émotions ? Même si c'est douloureux, permettez-vous de les ressentir et de les exprimer. Vous en tirerez un grand bienfait.

Ange

• Un ange est un messager de Dieu. Il représente nos idéaux les plus spirituels et il est un symbole spécial d'amour pur.
• Voir un ange est un signe de bénédiction.

Animaux (Voir aussi chaque animal en particulier)

• Les animaux peuvent représenter votre instinct primaire. S'il s'agit d'animaux sauvages et féroces, ils peuvent correspondre à l'aspect primitif et agressif de votre nature. Si ce sont des animaux domestiques, ils expriment la maîtrise de votre nature instinctive. Et s'ils sont sauvages et libres, ils vous font communier avec la nature.

Anniversaire

• Un anniversaire célèbre non seulement la vie mais les réalisations aussi. Prenez le temps de regarder en arrière et de voir d'où vous êtes parti. Soyez fier de vous. Célébrez votre vie.
• Un anniversaire est le signe de nouveaux commencements. Il n'est jamais trop tard pour recommencer.

Anorexie

• Cela représente un manque d'acceptation de soi. Vous privez-vous de nourriture, sur le plan physique, spirituel ou émotif ? Êtes-vous en quête de la perfection illusoire et inaccessible ? Êtes-vous trop exigeant envers vous-même ? Détendez-vous. Profitez de la vie. Vous êtes parfait tel que vous êtes.
• Ce signe peut symboliser un désir de contrôle absolu. Peut-être devriez-vous lâcher prise, et faire davantage confiance ? Ou peut-être y a-t-il lieu d'effectuer quelques changements afin de mieux maîtriser votre vie ? Trouvez des façons plus satisfaisantes et efficaces que de vous laisser mourir de faim.

Antenne

• L'antenne transmet et reçoit des idées et de l'énergie. Elle permet de prendre conscience du monde autour de vous. Prenez le temps de vous arrêter et de capter les ondes.

Antiquité

• Une antiquité est un lien avec le passé. Avez-vous un vieux schème ou un système de croyances qui ne sert plus à rien ? Serait-ce le temps de vous en défaire ?
• Une antiquité peut aussi signifier un hommage au passé. Y a-t-il quelque chose dans votre passé dont vous devriez vous occuper, honorer ou chérir ?

Anxiété

• L'anxiété peut provenir de la crainte que tout ne se passera pas comme vous l'espérez. Faites-vous confiance et faites confiance à la vie. Remettez-vous-en à l'être supérieur qui veille sur vous.

Appareil photo

• Un appareil photo peut suggérer de prendre une certaine distance par rapport à la vie et de regarder les choses sous un autre angle plutôt que directement, en face.
• Il peut aussi être lié à un désir de préserver le passé. Vous souhaitez peut-être conserver des souvenirs qui vous sont chers.

Applaudissements

• Cela signifie la reconnaissance de soi ou le besoin de reconnaissance. Éprouvez-vous le besoin de vous féliciter ou d'obtenir l'approbation des autres ?

Arche

• L'arche procure sécurité et protection au-dessus des eaux profondes des émotions. Avez-vous besoin de sécurité et de réconfort, en ce moment ? Qu'est-ce qui vous procure cette sensation ? Prenez les mesures pour combler vos besoins.

Archer / Tir à l'arc

• L'archer se concentre sur sa cible. Il lui faut être lucide et déterminé. Devriez-vous affiner votre but dans la vie ?

Architecte

• L'architecte dessine des plans de construction. Devriez-vous faire des projets ou peut-être vous créer un plan d'avenir ?

Arctique (Voir aussi Eau)

• L'Arctique peut être le signe de sensations ou d'émotions gelées. Il est parfois nécessaire de s'isoler et d'enfermer nos émotions. Est-ce opportun pour vous maintenant, ou devriez-vous au contraire ouvrir votre cœur et exprimer ce que vous ressentez ?

Argent

• Si vous trouvez souvent de l'argent, cela peut vouloir dire que votre situation financière va s'améliorer et que vous serez de plus en plus prospère.
• Ce signe pourrait signifier de porter davantage attention à votre argent et à vos finances pendant quelque temps.

Argile

• Êtes-vous prêt à modeler votre vie comme vous l'entendez ? Quelqu'un essaie-t-il de modeler votre comportement contre votre gré ?

Armée

• L'armée est le signe d'importants obstacles à surmonter. Devriez-vous faire appel à vos ressources intérieures, pour vaincre les difficultés ?

Armes

• Ce signe peut vouloir dire de fourbir vos armes pour votre propre bien. Utilisez-vous vos ressources intérieures pour poser des gestes positifs ou négatifs ? Comprenez-vous bien l'objectif que vous désirez atteindre et la façon dont vous et les autres en serez affectés ?

Armure

• L'armure protège. Essayez-vous de vous protéger contre quelqu'un ou quelque chose ? Le manque de territoire personnel vous oblige-t-il à vous créer une bulle ?
• Porter une armure signifie que vous vous coupez de tout. Pouvez-vous trouver une façon d'atténuer vos craintes, de prendre soin de vous-même ou d'éliminer la menace sans devoir fermer la porte aux sources de soutien et d'amour ?

Art / Artiste

• L'art permet d'exprimer sa créativité. Un artiste représente votre potentiel et vos aptitudes. Serait-ce le temps de libérer votre énergie créatrice ?

As

• Un as peut signifier des talents cachés. Vous avez un as dans la manche.
• Il peut aussi indiquer que vous excellez vraiment dans une activité.

Ascenseur (Voir Escalade)

Ascension (Voir aussi Escalade, Échelle, Montagne)

• Monter ou grimper peut indiquer votre ascension dans la vie. Votre niveau d'énergie est à la hausse et la vie vous sourit.
• Cela peut aussi signifier qu'il serait bon de revenir sur terre, car vous êtes soit trop hautain soit idéaliste.
• Dans certains cas, cela peut rappeler le mythe de Sisyphe et signifier qu'il faut de l'acharnement, pour réussir dans la vie. Sachez que la vie ne doit pas être un combat. Détendez-vous et soyez heureux.

Asthme

• L'asthme consiste à manquer d'oxygène. Cela peut symboliser un deuil refoulé. Ou alors quelqu'un vous étouffe au point que vous avez du mal à respirer.
• L'asthme peut être un signe de stress et de manque de contact avec la vie. Relaxez, méditez, respirez. Vous allez peut-être trop vite et

n'arrivez plus à rattraper votre souffle. C'est peut-être le moment de ralentir ?

Astronome

• Serait-ce le moment de viser haut et de faire les efforts nécessaires pour y arriver ?

Atterrir

• L'atterrissage d'un avion annonce que vous revenez sur la terre ferme, que vous reprenez pied, que vos émotions s'apaisent. Vous avez besoin de reprendre contact avec la nature.

Aube

• L'aube représente l'éveil, l'illumination. C'est apercevoir la lumière. Serait-il temps de procéder à un renouveau ?

Au-dessus

• Cela peut symboliser l'inspiration ou le moi supérieur.
• Ce signe peut représenter quelque chose qui vous pèse. Parfois, tout nous paraît pire qu'en réalité. Mettez les choses en perspective.

Auditoire

• Un auditoire peut être le signe que des félicitations sont de mise. Si l'auditoire réagit positivement, c'est un signe de reconnaissance personnelle. Dans le cas contraire, vous devez travailler sur l'acceptation de soi.

Aura

• L'aura est le champ énergétique que dégage une personne ou un objet. La plupart des gens ne la voient pas, mais elle n'en est pas moins réelle. Une aura éclatante et nette indique une vision claire des choses et une bonne santé. Une aura brumeuse et près du corps signale une vision nébuleuse et des ennuis de santé. Votre aura est-elle radieuse et claire, ou devriez-vous vous purifier et vous simplifier la vie ?

Auréole

• L'auréole est une manifestation visuelle du champ d'énergie entourant les anges et les saints. Ce signe est une bénédiction et vous relie à votre moi divin.

Auriculaire

• Un signe d'intuition. Mon petit doigt me l'a dit !

Autel

• Un autel est un lieu de prière où l'on célèbre la vie dans ce qu'elle a de spirituel, un lieu consacré à se rappeler ce qui importe vraiment. Devriez-vous installer un lieu de culte chez vous ou peut-être en vous-même ?
• Ce signe peut être associé au sacrifice. Vous sacrifiez-vous spirituellement pour un idéal supérieur ? Êtes-vous heureux de cela ?

Automobile (Voir Voiture)

Autruche

• Y a-t-il quelque chose que vous ne voulez pas voir ? Vous mettez-vous la tête dans le sable de manière à éviter de voir la réalité autour de vous ?

Avalanche (Voir aussi Eau)
• Peut signifier une expérience écrasante d'émotions refoulées.
• Existe-t-il un potentiel d'accablement, dans votre vie ? Pour éviter de vous sentir écrasé par les difficultés, divisez-les en plus petites portions et réglez-les une à une, en commençant par la plus importante.

Aveugle

• Cela peut signifier que vous ne vous rendez pas compte des conséquences de quelque chose ou que vous fermez les yeux. Savez-vous quelle direction prendre, ou êtes-vous incertain de la voie à suivre ? Y a-t-il un problème ou une personne que vous cherchez à éviter ou ne voulez pas voir ? Refusez-vous de reconnaître un conflit intérieur ? Le cas échéant, cessez de l'éviter et prenez le temps d'y faire face.

Identifiez ce que vous refoulez. Vous aurez peut-être besoin d'aide professionnelle, pour vous guider.

Avion

• L'avion peut représenter de grands idéaux et la quête d'une conscience supérieure ou d'aspirations spirituelles.
• Il peut aussi symboliser des élans vers de nouveaux sommets, la libération, le lâcher prise, la liberté et l'épanouissement.
• Un avion peut être le signe d'un grand dynamisme pour réussir, un élan vers le haut à vitesse grand V.
• Lorsque vous êtes à bord d'un avion, ce sont d'autres personnes qui pilotent. Êtes-vous prêt à leur faire confiance, pour arriver à destination ?
• Un écrasement d'avion peut être le signe que vous risquez de tomber de haut. Cela peut aussi vous signaler d'éviter de prendre l'avion pendant un certain temps.

Avorter / Avortement

• Ce signe peut symboliser la perte d'un nouveau potentiel de votre vie. Vous n'avez peut-être pas mené un projet ou une idée à terme, soit en le décidant consciemment soit à cause de facteurs extérieurs indépendants de votre volonté.
• Un avortement se produit parfois spontanément (fausse couche). Êtes-vous prêt à des changements inopinés dans votre vie ou à des bouleversements dans vos projets ? Sachez que vous pouvez choisir l'orientation de votre destin.
• Un avortement peut symboliser une erreur judiciaire.
• Prêtez attention à ce que vous ressentez à l'égard du mot *avortement*.
• Ce signe peut annoncer que de vieux problèmes non résolus vont refaire surface.

Babouin

• Le babouin suit son instinct, a un sens social développé et veille au bien collectif, tout en vivant dans la nature. Aspirez-vous à entrer davantage en contact avec vos instincts naturels, relativement à votre vie en société ?

Bagage

• Le bagage peut représenter des choses, des pensées ou des comportements inutiles. Devez-vous vous libérer d'un vieux conditionnement ?
• Avez-vous envie de plier bagage et de fuir la situation actuelle ?

Bain / Se baigner

• Se baigner peut symboliser la purification, les ablutions et le nettoyage. Devez-vous nettoyer ou purifier quelque chose en vous ?
• Serait-ce le moment de vous débarrasser (vous en laver les mains) d'une situation, de vieilles habitudes ou d'anciens comportements ?
• Le bain signifie aussi le baptême ou la renaissance.

Baiser

• Un baiser peut être un signe de tendresse, d'affection ou d'amour.
• Il peut aussi représenter une profonde communion avec le moi et l'harmonisation des aspects féminin et masculin de votre personnalité.
• Ce symbole peut avoir trait au baiser de la mort ou de la trahison. Quelqu'un est-il gentil avec vous tout en ayant des intentions malveillantes ?

Baleine

• La baleine se sert de son sonar pour percevoir son environnement. Elle peut être un signe de perception et d'intuition. Utilisez celle-ci pour mieux comprendre ce qui vous entoure. Branchez-vous sur votre instinct et sur votre réceptivité psychique.
• La baleine possède une énorme puissance, mais elle est douce et tendre. Vous pouvez utiliser votre force intérieure tout en restant doux et aimant.
• Ce signe peut avoir trait à la grande taille d'un projet, par exemple.

Balle

• La forme ronde de la balle suggère la complétude, l'achèvement, l'unité.
• La balle peut être associée au plaisir (jouer à la balle), à s'amuser et à profiter de la vie.

• L'expression « La balle est dans ton camp » signifie que c'est à votre tour de réagir.

Ballon

• Un ballon est le signe d'une immense joie et de l'envol vers de nouveaux sommets personnels.
• Si le ballon crève, une illusion est brisée.
• Un ballon qui flotte indique que vous êtes à la merci des vents du changement.

Banque

• Une banque renferme des ressources financières. Croyez en vous. Puisez dans vos ressources intérieures.
• Vous devriez peut-être modifier vos habitudes bancaires : économiser davantage, changer de banque ou examiner vos finances de plus près.

Bateau

• Le bateau peut symboliser votre cheminement émotif. Tout comme la maison représente votre corps physique, le bateau peut correspondre à votre entité émotionnelle.
• Le bateau peut signifier que vous traversez une période de bouleversements. L'eau représente les émotions et le bateau, la façon de manœuvrer, donc de les gérer. Le bateau a-t-il une destination ? Suit-il une trajectoire précise, ou se laisse-t-il aller au gré du vent ? Maîtrisez-vous votre vie émotive, ou devriez-vous prendre la barre ? Y a-t-il trop de monde à bord ? La personne qui pilote désire-t-elle tout contrôler ? Le bateau est-il en bon état, ou est-il rouillé ? Votre perception du bateau et de son itinéraire sont de grands révélateurs de votre rapport à vos émotions.
• Le bateau peut également indiquer un départ vers des rivages lointains, le fait de quitter la terre ferme afin d'aller explorer de nouveaux horizons.

Bébé (Voir aussi Naissance)

• Un bébé est un signe de renaissance personnelle, de recommencements, d'une nouvelle spiritualité.

• C'est le signe d'un potentiel de croissance.
• Désirez-vous être enceinte ? Sinon, prenez les mesures appropriées. Voir des bébés partout signale souvent un ardent désir inconscient d'avoir un enfant. De nombreuses femmes remarquent des bébés (humains et animaux) partout autour d'elles juste avant de devenir enceintes. (Et cela vaut aussi pour les grossesses non désirées.)
• Cela peut aussi révéler un grand désir d'être dorloté, d'être le centre d'attention. Ressentez-vous le besoin d'être aimé ? Est-ce que le tout-petit en vous réclame de l'amour ?
• Naissance d'une nouvelle idée.

Béquille

• Avez-vous l'impression de ne plus pouvoir vous supporter ? Avez-vous besoin de soutien, à cette étape de votre vie ? Demander de l'aide est très salutaire, surtout si vous êtes le genre de personne qui croit pouvoir tout faire seule. Acceptez l'aide qu'on vous offre.

Berceau

• Un berceau peut représenter les soins et le réconfort. Avez-vous besoin qu'on s'occupe de vous, qu'on vous cajole ?

Berger

• Ce signe peut avoir trait au gardien de votre esprit et à celui de votre chemin intérieur.

Bibliothèque

• Ce signe correspond à votre intuition et à vos ressources intérieures.

Biche

• Une biche peut représenter les aspects doux de votre personnalité.

Blaireau

• Il existe des combats où l'on force des blaireaux à se battre avec des chiens. Est-ce que quelqu'un vous harcèle ? Importunez-vous quelqu'un ?

• Cela peut aussi être le signe que vous vous sentez victime et sans défense. Rappelez-vous qu'il n'y a pas de victimes, seulement des personnes consentantes. Essayez de trouver des secteurs de votre vie sur lesquels vous pouvez avoir la maîtrise et faites les changements nécessaires. Si vous vous identifiez à la biche innocente, n'oubliez pas le pouvoir du cerf… Éblouissant et puissant.

Blasphème

• Si vous entendez blasphémer dans votre entourage, assurez-vous qu'il ne s'agit pas du reflet de vos propres émotions non exprimées, non assumées.

Blessure (Voir aussi Maladie)

• Il n'y a pas d'accidents. Notez et visualisez vos pensées exactes précédant la blessure. Vous découvrirez habituellement les indices ayant causé l'accident. Prenez note également de la partie blessée, car chacune a son symbole. Par exemple, si vous vous êtes blessé à la tête, vous pourriez vous demander si vous êtes trop impétueux ou têtu. Ou auriez-vous écouté la raison plutôt que le cœur ? Si votre jambe est blessée, craignez-vous d'avancer dans la vie ? Êtes-vous prêt à vous tenir debout face aux difficultés ?

Bleu

• Les symboles les plus forts du bleu dans notre monde sont la mer et le ciel. La mer bleue représente le subconscient, le féminin, la mère et nos secrets les plus profonds. Le ciel bleu représente l'esprit masculin, le masculin, le père et l'ouverture, le côté extraverti de nous-mêmes.
• Le bleu est la couleur de l'apaisement, du réconfort émotif, de la paix et de la détente. Elle peut aussi représenter les perceptions mystiques. Si du bleu apparaît constamment autour de vous, demandez-vous si vous ne devriez pas relaxer davantage et vous mettre à l'écoute de votre voix intérieure.
• L'expression « avoir les bleus » est associée à la dépression. Quelque chose vous rend-il malheureux, triste, ou vous déçoit-il ? Prêtez attention à votre réaction à la couleur, pour mieux identifier ce qu'elle signifie.
• Lorsque la peau de quelqu'un vire au bleu, c'est à cause du froid ou d'un manque d'oxygène. Devriez-vous relaxer et ralentir pendant

quelque temps, ou sentez-vous vos sentiments « refroidir » à l'égard de quelqu'un ou d'une situation ? Avez-vous besoin d'air ? Prenez les mesures nécessaires, car respirer est manifestement d'une importance vitale pour vous.

- Les contusions créent des plaques bleues sur le corps. Vous sentez-vous meurtri ?

Bois de cerf

- Les bois de cerf peuvent symboliser la protection de la partie masculine divine de vous-même, ainsi que la force, le pouvoir et la protection.

Boîte

- Une boîte peut représenter des limites que vous vous imposez à vous-même. Vous sentez-vous coincé ? Libérez-vous de votre carcan et élargissez vos horizons.
- Une boîte de Pandore peut symboliser tout ce qui vous fait peur. Or, la peur est une illusion. Confrontez-la et libérez-la. Dans la mythologie, Pandore, à l'origine, signifiait une grande générosité. Ce n'est que plus tard, quand les dieux ont pris de l'importance au détriment des déesses, que Pandore et sa boîte sont devenues des symboles de malveillance et de peur.
- Les adeptes de Freud diraient qu'une boîte représente le vagin ou l'utérus. Il s'agirait alors du côté féminin d'un homme ou d'une femme.

Bombe

- Une bombe peut représenter une situation explosive dans votre vie.
- Signe de potentiel émotif. Avez-vous l'impression d'être sur le point d'exploser ?
- Quelque chose a-t-il eu l'effet d'une bombe sur vous ?

Bond (Voir Sauter)

Bouche

- La bouche signifie habituellement que vous devez communiquer et vous exprimer verbalement. Même dans les écrits anciens, comme les hiéroglyphes égyptiens, la bouche symbolise le pouvoir de la parole. Dites-vous la vérité ? Y a-t-il quelque chose que vous n'osez pas dire à quelqu'un ? La bouche représente le point de transition entre le monde intérieur et le monde extérieur. C'est le véhicule d'expression de vos pensées, de vos sentiments et de vos idées. Êtes-vous prêt à vous exprimer librement et ouvertement ? Sinon, faites l'affirmation suivante : « Je communique librement, facilement et sans effort, avec courage et force. »

- Devriez-vous vous exprimer davantage ?
- Devriez-vous vous taire davantage ? Y a-t-il des racontars à votre sujet ?
- La bouche peut aussi représenter la sensualité, la sexualité et les baisers.

Boue

- Vous sentez-vous embourbé, coincé, incapable d'avancer ou d'évoluer ? Faites l'affirmation suivante : « J'avance librement et facilement dans tous les domaines de ma vie. » Danser spontanément ou faire des mouvements en style libre peut souvent aider à dénouer les blocages émotifs. Quand vous dansez en vous abandonnant au rythme de la musique, cela favorise le mouvement dans d'autres aspects de votre vie.
- Avez-vous l'impression que certaines choses ne sont pas nettes, dans votre vie ? Prenez le temps de les regarder sous un angle différent. Envisagez de demander à d'autres ce qu'ils en pensent, afin d'obtenir de nouveaux points de vue.
- Les enfants aiment jouer dans la boue. Cela peut renvoyer à la joie enfantine.
- Tenez-vous prêt à relever vos manches, afin de vivre pleinement.
- La boue peut symboliser l'union de la terre avec l'énergie transformatrice de l'eau. C'est de ce mélange fondamental que la vie a émergé. Cela peut être un important signe personnel indiquant qu'une nouvelle vie et une nouvelle conscience naîtront des difficultés actuelles.

Bougie

- Voilà un symbole universel de lumière et de communion avec le Grand Esprit. Vous touchez la Grande Lumière de toutes choses.
- La force spirituelle vit en vous, votre véritable lumière intérieure.

Bouledogue

• Le bouledogue est tenace et robuste. Saisissez l'occasion qui se présente et ne la laissez pas filer.
• Un bouledogue peut aussi signifier le défi, le mépris de l'autorité. Quelqu'un vous défie-t-il, ou devez-vous tenir tête à une situation ou encore défier l'autorité ?

Bourgeon

• Les bourgeons poussent au printemps. C'est le renouveau. Ce signe peut donc représenter une vie nouvelle et un recommencement.
• Tout ce qui correspond à un début trouve son sens dans ce signe.

Bourse

• Quelqu'un d'autre tient-il les cordons de la bourse et vous en subissez les conséquences ?

Boussole

• Quelle direction voulez-vous prendre ? Vous sentez-vous désorienté ou perdu ? Prenez le temps d'évaluer où vous en êtes en écoutant votre petite voix intérieure.

Bouteille

• L'expression « C'est la bouteille à l'encre » indique un problème insoluble, une situation embrouillée. Est-ce le cas dans votre vie, présentement ?
• Un message dans une bouteille peut représenter une réponse provenant d'une source inconnue.
• Une bouteille dont le bouchon a été retiré est plus ouverte que si elle est hermétiquement fermée. Une bouteille pleine peut vouloir dire être bien dans sa peau, tandis qu'une bouteille vide peut indiquer de l'épuisement émotif ou un vide affectif.
• Si vous vous retrouvez dans un goulot d'étranglement, voyez si quelque chose bloque votre flot d'énergie.

Bouton

• Une situation est sur le point d'aboutir. Est-ce le cas ?

Bras

• Les bras ouverts indiquent votre ouverture à la vie et les bras fermés signifient le contraire.
• Les bras peuvent symboliser des armes. Êtes-vous sur la défensive ?

Brique

• La brique représente la force, l'endurance et de solides fondations. Celles que vous construisez pour vous sont-elles solides ? Prévoyez-vous qu'elles tiendront longtemps ?

Brosse

• Les brosses servant à nettoyer, y compris les brosses à dents, peuvent signifier que vous devez davantage porter attention à la propreté de votre environnement ou soigner votre espace personnel intérieur. Cela peut aussi vouloir dire que le nettoyage vous obsède. Le cas échéant, cherchez-vous à camoufler des sentiments de culpabilité ? Peut-être avez-vous l'impression de manquer de contrôle sur vos émotions et compensez-vous par du ménage compulsif afin d'avoir l'impression de maîtriser votre environnement extérieur ? Apprenez à vous accepter tel que vous êtes.

Brouillard (Voir aussi Eau et Air)

• Le brouillard peut être un signe de confusion émotive ou mentale, lorsque les émotions ou les pensées entravent la réflexion.
• Cela peut aussi signaler un aspect de votre vie ou un obstacle que vous n'arrivez pas à voir.
• Le brouillard peut représenter votre inconscient.
• Dans de nombreuses traditions mystiques, la magie se produit dans le brouillard et la brume. Il représente alors le royaume des fées, des magiciens et des mystiques. Cela peut être le signe d'entrer en contact avec la part de magie profondément enfouie en vous.

Broussailles

• Des broussailles épaisses peuvent indiquer que vous vous sentez dans une impasse, paralysé devant l'avenir.

Brume (Voir aussi Brouillard)

• La brume symbolise les royaumes intérieurs mystiques. Croyez en la magie !
• La brume peut représenter votre inconscient et quelque chose que vous n'arrivez pas à accepter. Vous sentez-vous perdu dans les brumes de votre esprit ?

Brun

• Il y a longtemps que le brun est associé à la terre et au sol. Sentez-vous le besoin de prendre davantage racine ?
• Les feuilles brunissent à l'automne. Est-ce le moment de vous replier sur vous-même ?

Buffle

• Pour les Amérindiens, le buffle est sacré. Il représentait la subsistance, car l'animal leur procurait de quoi se vêtir et se nourrir. Un signe de buffle peut annoncer l'abondance, une belle récolte et un grand pouvoir.

Bulbe

• Le bulbe d'une fleur recèle tout son potentiel de beauté.

Bulldozer

• Ce signe peut indiquer de foncer à travers les obstacles pour réaliser ce que vous désirez. N'hésitez pas et allez-y.
• Êtes-vous en train de forcer quelqu'un à faire quelque chose, ou quelqu'un a-t-il cette attitude avec vous ? Prenez le temps d'évaluer vous-même les différentes solutions.

Bulle

• Les bulles peuvent symboliser la joie enfantine et l'exubérance. Soyez plus léger. Laissez la joie vous remplir le cœur.
• Est-ce que vous vous isolez dans une bulle ? Sortez et allez explorer le monde !
• Des bulles crevées peuvent signaler une déception. Les déceptions sont causées par des attentes. Quand vous commencerez à accepter ce

que la vie a à offrir dans le moment présent, vous serez moins souvent déçu.

Bureau

• Ce signe peut représenter la production, la pensée linéaire et l'organisation. Serait-ce le moment de vous organiser et de créer une structure pour votre entreprise ou dans votre vie personnelle ?

Buse

• Vous sentez-vous harcelé ? Embêtez-vous les autres ? Avez-vous un côté rapace ?
• Bien que les buses fassent partie du grand Tout, elles sont souvent considérées comme méprisables et rapaces. Quelqu'un de votre entourage a-t-il un comportement de buse ?

Cacher, se

• De quoi vous cachez-vous ? Quel est le secret que personne ne doit connaître ? Ce que vous gardez secret peut parfois réduire énormément votre énergie. Habituellement, lorsque nous mettons au grand jour les choses que nous cachons sur nous-mêmes, elles se révèlent moins graves que nous ne le croyions.
• La cache, le repaire d'un animal, peut avoir trait à ce que vous cachez.

Cactus

• Le cactus peut signaler une situation épineuse à venir. Prenez le temps d'examiner votre vie, afin d'en arrondir les angles au besoin.
• Un cactus représente quelqu'un ou quelque chose qu'on ne peut pas toucher. Craignez-vous de toucher quelqu'un de votre entourage, ou y a-t-il quelqu'un qui craint que vous le touchiez ? Prenez le temps de créer un environnement réconfortant afin de favoriser votre relation avec cette personne.

Cadeau

• Acceptez les cadeaux que la vie vous offre. Un cadeau est une forme de reconnaissance à votre égard et à l'égard de vos progrès. Il est aussi vertueux de recevoir que de donner, car lorsque vous recevez, le cœur grand ouvert, vous accordez à autrui la joie de donner.

Café

• Le café peut représenter la stimulation ou la détente. Cela dépend de l'association personnelle que vous faites. Vous avez peut-être besoin d'une décharge d'adrénaline, pour vous ressaisir, ou alors c'est le signe de faire une pause avec vos amis et votre famille.

Cage

• Enfermé dans une cage, on se sent pris au piège. Rappelez-vous qu'il y a toujours une issue. Examinez les solutions et regardez-les sous différents angles. Changez votre façon de voir les choses. Lâchez prise.
• Vous sentez-vous empêché de faire ce que vous voulez vraiment ? Ou devez-vous vous retenir de faire quelque chose ?
• La cage peut aussi signifier que la peur vous emprisonne. Confrontez vos peurs. Vous verrez que certaines sont légitimes et que d'autres n'ont pas lieu d'être.

Calice

• Le calice est un signe puissant qui a trait au sacré. Il peut représenter le Graal et le Christ.

Caméléon

• Le caméléon représente la capacité d'adaptation, la souplesse.
• Ce symbole peut aussi avoir trait à la fantaisie, car l'animal est capricieux et change constamment d'apparence.
• Le caméléon pourrait signaler qu'une personne n'affiche pas ses vraies couleurs, c'est-à-dire qu'elle n'est pas authentique. Changez-vous de comportement suivant chaque personne et chaque situation, plutôt que de rester vous-même ?

Campement

• Un campement est une sorte de logis temporaire. Il peut représenter une retraite dans les bois, pour s'évader et se ressourcer. Autrement, c'est peut-être que vous n'avez pas d'autre choix que de vivre en camping, en attendant des jours meilleurs.

Canal

• Un canal est un long passage étroit rappelant la naissance et l'accouchement. Ce symbole peut être lié à des sentiments relatifs à une naissance réelle ou avoir trait à l'émergence de nouveaux aspects de vous-même sur le plan émotif ou spirituel.
• Un canal peut aussi représenter un cheminement personnel bien « canalisé », puisque l'eau symbolise les émotions, et un canal est une voie d'eau délimitée.

Canari

• Un canari représente la musique, l'harmonie, la joie et la légèreté d'un petit oiseau.

Cancer

• Est-ce que quelque chose vous ronge, sur le plan émotif ? Exprimez-vous. Dites ce que vous avez sur le cœur. Soyez honnête avec vous-même.

Canne

• Avez-vous besoin d'être soutenu ? Acceptez l'aide qu'on vous offre, quelle qu'en soit la source. Vous n'êtes pas obligé de tout faire tout seul.
• Une canne peut aussi servir à punir cruellement quelqu'un. Avez-vous l'impression d'être sévèrement jugé ou puni ? Ou vous jugez-vous trop sévèrement ? Vous punissez-vous de quelque chose ?
• La canne peut également avoir trait à une source naturelle de sucre (canne à sucre). Profitez de la vie, faites jaillir votre joie intérieure.

Cannibalisme

• Vous sentez-vous dévoré par les soucis ?
• Ce symbole peut signifier que vous drainez l'énergie d'autrui plutôt que d'utiliser la vôtre. Par exemple, vous vous servez peut-être des idées créatrices de quelqu'un d'autre, de son argent ou de son énergie psychique. Est-ce que vous soutirez la force vitale de quelqu'un, ou vivez-vous la situation inverse ? Profitez-vous de quelqu'un, ou avez-vous l'impression qu'une personne profite de vous ?

• Il est tellement mignon qu'on le mangerait ! Le cannibalisme peut également symboliser l'extrême possessivité. Souhaitez-vous « dévorer » quelqu'un, ou sentez-vous qu'une personne veut vous accaparer ?

Canyon

• Un canyon est le trou béant de l'inconscient.
• Il peut représenter quelque chose d'infranchissable. Il existe toujours un moyen de traverser un canyon, dans la vie : le contourner, voler au-dessus ou y descendre.

Capitaine

• Le capitaine commande le navire. Vous êtes à la barre de votre vie. C'est vous qui décidez de votre route.

Carburant

• Avez-vous l'impression de manquer d'énergie ? Êtes-vous fatigué ? Prenez le temps de vous reposer.

Carrefour / Croisée des chemins

• Un carrefour annonce une décision à prendre. Prenez le temps d'écouter votre intuition avant de choisir votre voie.
• Jung a déclaré qu'un carrefour était un symbole de la mère. Selon lui, lorsque deux chemins se croisent, ils symbolisent l'union des contraires, la « mère », l'objet et la quintessence de toute union.

Cartes

• Avez-vous l'impression de vivre une situation qui s'apparente à un château de cartes ? Un projet ne repose peut-être pas sur des bases solides. Il faut en revoir la conception.
• La vie est un jeu et parfois même un pari. Concentrez-vous sur le processus plutôt que sur les résultats éventuels.
• S'il s'agit de cartes du tarot ou autres servant à prédire l'avenir, elles symbolisent alors le destin et vous parlent du futur. Quels que soient les sentiments que les cartes vous inspirent, ils peuvent indiquer les tendances futures de votre vie.

Carte géographique

• Le moment est venu de planifier vos voyages, tant intérieurs qu'extérieurs.

Casserole

• Une casserole peut représenter une idée qui mijote ou le mélange de différents ingrédients en vue de cuisiner quelque chose de nourrissant. Y a-t-il une idée ou un projet sur le feu ?

Casse-tête

• Chaque partie de votre vie représente les pièces d'un casse-tête. Un casse-tête terminé indique l'unité. Sinon, peut-être n'observez-vous pas bien l'image à reconstituer ?
• Si la vie vous semble être un casse-tête, prenez du recul. Vous y verrez plus clair, et la réponse à vos questions surgira.

Castor

• Le castor est très actif et travaille dur. C'est un signe relatif à l'action, à la construction et à la réalisation. Ce peut être un excellent signe de prospérité résultant de vos efforts. Travaillez-vous assez fort pour atteindre vos objectifs dans la vie ? Travaillez-vous trop ? Prenez le temps de vous reposer et réfléchissez avant de foncer.

Cathédrale (Voir Église)

Cauchemar

• Les cauchemars sont des messages puissants, et il est important d'en saisir le sens. Ils peuvent permettre de résoudre certains problèmes de la vie réelle que notre conscient ne veut pas traiter. Or, les problèmes non résolus affectent tous les aspects de notre vie, y compris la santé et les relations. Le cauchemar est la façon qu'utilise notre subconscient pour soigner ces problèmes. Remerciez vos cauchemars !
• Si vous faites souvent le même cauchemar, écoutez les messages qu'il transmet, puis imaginez que vous y retournez pour le revivre plusieurs fois. Changez-en les circonstances de manière à ce que le

rêve se termine bien. Cela vous aidera à résoudre ce qui, dans votre vie, est à l'origine du cauchemar.

Cave (Voir Sous-sol)

Cendres

• Les cendres sont parfois un signe de purification spirituelle.
• Elles sont aussi le signe de la mort ou de l'absence de vie ou de vitalité.
• Quand tout a brûlé, il ne reste que les cendres. Par conséquent, elles peuvent aussi être le symbole de l'essence véritable de quelque chose.

Centre

• Un centre est un lieu d'activités communautaires où les gens se rassemblent dans un but commun. Devez-vous retrouver votre centre afin de prendre conscience du sens de votre vie ? Examinez ce qui est vraiment important pour vous. Allez au cœur de la situation.
• Dans presque toutes les traditions, le centre est considéré comme la demeure du Créateur. Dans la tradition hindoue, Dieu habite au centre du cosmos. Dans l'Antiquité, les Chinois faisaient correspondre Dieu à un point au milieu d'une spirale. Dans la tradition amérindienne, le centre du cercle d'influences est toujours le Grand Esprit.
• Lorsque vous allez au centre de vous-même, vous réunissez toutes les parties de votre être pour en faire un tout. Lorsque vous quittez le centre, c'est comme de voyager de l'intérieur vers l'extérieur, de l'espace à la forme, du royaume infini à l'espace-temps. Remarquez ce que vous ressentez, si ce signe apparaît dans votre vie, car il est important.

Cercle

• Le cercle est un symbole très puissant. Il signifie l'harmonie, la beauté, l'équilibre. Il peut aussi correspondre à la plénitude et à l'unité.
• Le cercle sacré des Amérindiens, qu'on appelle aussi le « cercle d'influences », représente les cycles éternels de la vie : la mort, la renaissance, les commencements et les fins, les quatre points cardinaux, les quatre éléments (l'air, l'eau, le feu et la terre) ainsi que tous les cercles présents autour de nous.

Cercueil

• Un cercueil peut représenter un accomplissement, la fin d'une situation ou la mort d'un proche.

• Avez-vous l'impression de tourner en rond sans jamais rien réaliser ? Arrêtez-vous pour examiner quelles sont vos véritables priorités et éliminez tout ce qui n'est pas essentiel.
• Êtes-vous dans un cercle vicieux ? Regardez la situation sous un nouvel angle.

Cerf-volant

• Un cerf-volant peut être perçu comme un merveilleux symbole d'épanouissement, mais il est en même temps rattaché au sol et peut donc représenter un bon ancrage.
• Cela peut aussi symboliser la liberté enfantine.

Chacal

• Le chacal est une sorte de chien sauvage qui se nourrit de charognes. Dans certaines villes d'Asie et d'Afrique, les chacals circulent la nuit et servent d'éboueurs, en mangeant les animaux morts dans les rues. Y aurait-il un côté charognard en vous ?
• Le chacal a un cri lugubre que certains associent à un avertissement. Ce signe vous suggère-t-il d'être vigilant et prudent ?
• En Égypte, Anubis était le dieu chacal, gardien des enfers. C'est lui qui préparait le voyage après la mort. Peut-être parce que grâce à leurs sens aiguisés, les chacals arrivaient toujours à trouver les tombeaux des Égyptiens, malgré le souci de ceux-ci de les sceller hermétiquement. Ainsi, le chacal est devenu le gardien des morts. Si un chacal vous apparaît en signe, sachez que vous pouvez faire confiance à vos sens pour vous guider dans les ténèbres de votre voyage intérieur.
• On qualifie de chacal un homme avide et cruel qui s'acharne sur les vaincus.

Chaîne

• Une chaîne est formée de plusieurs maillons qui doivent tous être de force égale, car le moindre point faible peut faire casser la chaîne.

Devez-vous joindre vos forces à celles d'autres personnes pour résoudre un problème ?

• Vous sentez-vous enchaîné à une situation ou à une personne ? Vous pouvez changer cela. La première étape consiste à en prendre conscience et la deuxième, à choisir les mesures pour y remédier, soit par vos efforts personnels soit avec l'aide d'un thérapeute.

Chaise

• Un signe représentant votre position ou votre attitude face à quelque chose.

• Avant une expérience extracorporelle, la personne perçoit une sorte de balancement. Une chaise berçante peut annoncer une expérience de sortie du corps ou l'accumulation d'énergie psychique.

• Une berceuse peut aussi représenter un lien inconscient avec votre petite enfance, si on vous berçait.

Chalet (Voir aussi Maison, Bateau)

• Si le chalet est en bois, c'est un signe de paix et de plénitude.

Chaleur

• La chaleur est le signe de la passion et de l'intensité. Serait-ce le moment de donner libre cours à votre passion ?

• La chaleur peut aussi être un signe de colère, comme lorsque quelqu'un s'échauffe en s'énervant. Réagissez-vous aux difficultés en vous mettant en colère plutôt que de chercher la source du blocage ? La colère fait perdre une énergie précieuse.

• Elle peut avoir une connotation positive comme lorsqu'on parle de la « chaleur de son regard » ou d'un « accueil chaleureux ».

Chameau

• Le chameau peut parcourir de très longues distances sans manger ni boire. Il représente l'endurance et la persévérance, surtout pour traverser les périodes difficiles de la vie.

• On surnomme le chameau le « vaisseau du désert ». Il peut symboliser la solution à une situation particulièrement pénible.

Chaos

• Si c'est le chaos dans votre vie, vous êtes peut-être dans un processus de renouvellement. Dans certaines traditions anciennes, on disait que le cosmos était né du chaos. Un marais stagnant peut retrouver sa limpidité, si on y ajoute de l'eau de source, mais le processus créera des remous, au moment où les vieilles eaux putrides seront évacuées pour laisser la place à l'eau claire. Madame Blavatsky, philosophe mystique de la fin du dix-neuvième siècle, a dit : « À l'origine, tout était chaos, mais les espaces célestes contenaient toutes les formes de vie et tous les êtres vivants, toutes les graines de la création de l'Univers. »

Charpentier

• Cela peut représenter la construction ou la reconstruction. Une situation ou une relation doit-elle être rebâtie ?
• Êtes-vous en train de réparer certains aspects de votre vie ? Est-ce le moment de vous reconstruire sur le plan physique, émotif ou spirituel ?
• Ce signe peut aussi symboliser Jésus, qui était charpentier.

Chasse

• Chasser, c'est chercher les parties inconnues de vous-même. Qu'attendez-vous de la vie ? Avez-vous l'impression d'être traqué ? Que poursuivez-vous ? Désirez-vous tuer quelque chose en vous ?

Chat

• Un chat peut représenter votre moi intuitif profond.
• Il peut avoir trait à l'indépendance ou au luxe, à la grâce et au pouvoir.
• Un chat peut aussi symboliser l'essence de votre féminité ou la partie féminine de votre être, la déesse en vous.
• Le chat noir peut annoncer la chance ou la malchance, selon votre culture.

Château (Voir aussi Maison)

• Un château peut représenter une sorte de forteresse ou un royaume magique.

Chaussée

• Une chaussée neuve peut signifier une nouvelle direction dans la vie.
• Paver une route la rend plus carrossable, plus lisse. Cela peut signifier que quelqu'un ou quelque chose prépare la voie pour vous afin de vous permettre de saisir les occasions à venir.

Chauve-souris

• Les chauve-souris sont des créatures nocturnes qui logent souvent dans des grottes. Elles peuvent représenter la peur de l'inconnu, bien qu'elles sachent très bien s'orienter dans le noir. Si vous vivez une période d'incertitude et qu'une chauve-souris apparaît en signe, rappelez-vous que vous pouvez trouver votre chemin même si vous pensez ne pas le connaître. Faites confiance à votre intuition. Vous savez quoi faire. La réponse se trouve au fond de vous-même.
• Une chauve-souris représente parfois une vieille mégère. Auriez-vous un comportement s'y apparentant ?
• Pour les Chinois, la chauve-souris symbolise la longévité et le bonheur. Pour les Amérindiens, elle était l'emblème de l'initiation au chamanisme et de la renaissance. La chauve-souris se réfugie dans une grotte sombre comme un utérus, et en ressort ensuite. Ce signe peut vous apparaître quand vous êtes sur le point d'aborder les peurs profondes, inconnues et cachées qui se cachent au fond de vous. Après une mort symbolique, vous connaîtrez une renaissance et le renouveau.

Chavirer

• Chavirer pourrait symboliser le fait de perdre le cap, de basculer dans les émotions (l'eau). Remontez à bord du bateau et poursuivez votre route.
• Quelqu'un vous chavire-t-il le cœur ?

Chêne

• De nombreuses traditions, y compris les anciennes cultures russes, allemandes, grecques et scandinaves, ont attribué un sens au majestueux chêne. Il est considéré comme un axe du monde et symbolise la puissance, la solidarité et le progrès constant.

Chenille

• La chenille représente le potentiel dont vous n'avez pas conscience. Vous pouvez vous transformer en papillon.

Cheval

• Un étalon peut symboliser le pouvoir et la sexualité masculine.
• Un cheval au galop peut représenter l'extase, la liberté déchaînée et le mouvement. Vous pouvez aller là où vous le souhaitez. Vous êtes libre. Exprimez-vous librement.
• Si le cheval est attaché, avez-vous l'impression qu'on réfrène votre liberté, qu'on vous empêche de bouger ?
• Un cheval peut être un signe de grâce et de beauté.
• Le proverbe dit : « À cheval donné, on ne regarde pas la bride ». Acceptez-vous les cadeaux qu'on vous fait ?
• Les chamans amérindiens disaient que l'âme du cheval lui permettait de voyager dans les royaumes intérieurs. Avant l'arrivée du cheval en Amérique, les déplacements étaient difficiles, mais son introduction les a grandement facilités. Vous aussi êtes libre de voyager vers les royaumes intérieurs afin de trouver et d'exprimer votre pouvoir et votre sagesse.

Cheveux

• Les cheveux peuvent symboliser votre identité, et le sens de ce signe dépend de la forme qu'il prend. Par exemple, vous brosser les cheveux peut équivaloir à démêler une situation. Vous couper les cheveux peut signaler un recommencement. Y mettre du baume peut indiquer que vous souhaitez apaiser une situation.
• Traditionnellement, les cheveux peuvent symboliser la force ou la perte de forces, en référence à la légende de Samson et Dalila. Une belle chevelure peut représenter la puissance, l'énergie et le courage, tandis que perdre vos cheveux pourrait signaler que vous êtes préoccupé ou que vous perdez vos forces.
• Comme les cheveux poussent sur le dessus de la tête (le centre d'énergie qui nous relie à l'Esprit), ils peuvent symboliser le pouvoir spirituel qui s'en dégage pour vous brancher sur le cosmos. Les Hindous disent que les cheveux symbolisent les lignes de force de l'Univers.

Chèvre

• Dans la culture occidentale, la chèvre représente parfois un vieil homme grincheux. Est-ce que cette attitude vous ressemble ou correspond à une personne que vous connaissez ?
• L'expression « ménager la chèvre et le chou » signifie ménager les deux camps en évitant de prendre parti. Vivez-vous une situation qui s'apparente à cela ?
• La chèvre de montagne est l'animal associé au signe astrologique du Capricorne. Les personnes nées sous ce signe sont souvent résolues, déterminées et parfois solitaires dans leurs démarches. Y aurait-il des Capricornes dans votre vie actuelle ou passée qui ont besoin de votre attention ?

Chien

• Le chien est un symbole de loyauté, de protection et d'amitié. Il rend service et collabore avec les autres. Êtes-vous un ami loyal, ou tenez-vous pour acquis quelqu'un qui vous est fidèle ? Avez-vous été fidèle à votre véritable mission dans la vie ?

Chiffres

• Depuis la nuit des temps, les chiffres sont perçus comme des signes mystiques. Les significations qui suivent sont basées sur le système de Pythagore (sur lequel se fonde la numérologie moderne). Si un chiffre vous apparaît souvent et sous différentes formes, portez attention aux sens qui y sont associés. Par exemple, si le cinq se manifeste souvent, vous pourriez songer à voyager ou à participer à une activité faisant appel aux déplacements et aux changements.
• Un : indépendance, recommencements, unité universelle, croissance personnelle, individualité, progrès et créativité.
• Deux : équilibre du yin et du yang (les polarités, les énergies de l'Univers). Abandon de soi, faire passer les autres avant soi-même. Attirance dynamique l'un pour l'autre. La connaissance vient de l'équilibre et du mariage des contraires.
• Trois : la trilogie de l'esprit, du corps et de l'âme. La triple nature de la divinité. Trois, c'est l'expansion, l'expression, la communication, le plaisir et l'expression de soi. Il a trait au don de soi, à l'ouverture sur autrui et à l'optimisme. « Jamais deux sans trois. »

• Quatre : la sécurité, les assises. Les quatre éléments et les quatre sens sacrés. L'autodiscipline par le travail et le service. C'est également la productivité, l'organisation, la complétude et l'unité.
• Cinq : sentiment de liberté. L'émancipation, l'activité, le physique, l'impulsivité, l'énergie, le changement, le goût de l'aventure, l'ingéniosité. Associé au voyage et à la curiosité, le cinq est le chiffre de l'âme libre, du piquant et du changement.
• Six : l'harmonie avec soi-même, la compassion, l'amour, le service, la responsabilité sociale. La beauté, les arts, la générosité, le souci et le soin des autres. Il a trait aux enfants, à l'équilibre et à l'intérêt collectif.
• Sept : vie intérieure et sagesse. C'est un chiffre mystique symbolisant la sagesse, les sept chakras et les sept royaumes célestes. Il symbolise la naissance et la renaissance, la force religieuse, les vœux sacrés, le chemin de la solitude, l'analyse et la contemplation.
• Huit : l'infini, la prospérité matérielle, la maîtrise de soi, l'abondance, la conscience cosmique, la récompense, l'autorité et le leadership.
• Neuf : l'humanisme, l'altruisme et le dévouement. Un chiffre de complétude et de conclusions. Le symbole universel de la compassion, de la tolérance et de la sagesse.
• D'après Pythagore, les maîtres-nombres recelaient un pouvoir spécial et une signification particulière. Le 11 : intuition, clairvoyance, guérison spirituelle et autres facultés métaphysiques. Le 22 : potentiel illimité, maîtrise dans tous les domaines, non seulement sur les plans spirituel et physique, mais émotif et mental également. Le 33 : tout est possible.

Christ

• Le Christ peut être un signe puissant de la force divine en vous, de l'amour inconditionnel, du pardon, de la guérison ou de la communion spirituelle avec des énergies supérieures.
• Ce peut aussi être le signe du sacrifice et du calvaire. Vous sacrifiez-vous pour les autres ? Avez-vous le sentiment d'être un martyr ? Donner librement et généreusement de vous-même profite à tous, tandis que vous sacrifier n'apporte rien à personne, à long terme.

Cible

• La cible représente la direction que vous prenez. C'est votre objectif. Avec de la concentration et de la discipline, vous pouvez atteindre votre but.

Ciel

• Voilà un merveilleux signe d'illumination, de béatitude, d'unité et de paix.
• Ne craignez pas de viser haut. Il n'y a pas de limites à votre succès. Vous êtes libre de vous épanouir pleinement.

Cigale

• Dans la fable de la cigale et la fourmi, la cigale préfère chanter et s'amuser, plutôt que de se soucier de l'avenir. Cette attitude ressemble-t-elle à la vôtre ?

Cigare / Cigarette

• Examinez votre réaction à l'égard du cigare ou de la cigarette, sur le plan émotif. Si vous y associez la détente, alors accordez plus de temps à celle-ci. Si éprouvez de l'anxiété, demandez-vous ce que vous utilisez pour satisfaire vos besoins de base. Si vous ressentez de la culpabilité, c'est peut-être le signe de cesser de fumer ?

Cimetière

• Le cimetière représente habituellement le repos, la paix et l'achèvement, mais signifie rarement la crainte de la mort. Il peut aussi être le signe de sentiments à l'égard de quelqu'un qui est mort. Avez-vous des choses à régler avec une personne décédée ?

Cire

• La situation que vous vivez peut être changée, modelée facilement, comme de la cire.
• Cirer un parquet le rend comme neuf. Devriez-vous cirer quelque chose devenu terne, dans votre vie ?

Cirque

• Riez, laissez votre joie s'exprimer. Profitez de la vie.
• Y a-t-il trop de choses qui se passent dans votre vie ? Ressemble-t-elle à un cirque ?

Citron

• Le citron nettoie et purifie. Le moment est venu de purifier votre organisme et d'en profiter pour purifier vos émotions également.
• On dit parfois d'une voiture ou d'un appareil que c'est un « citron », c'est-à-dire qu'il a été mal fabriqué. Avez-vous fait un mauvais achat, récemment ?

Clé

• Voilà un signe très puissant indiquant que vous ouvrez des portes, spirituellement et physiquement. Écoutez attentivement, lorsque ce signe vous apparaît, car il signifie que vous avez le potentiel nécessaire pour accéder à de nouvelles perceptions.
• Ce signe peut vouloir dire que la clé d'un problème se trouve à portée de main.

Cloche

• La cloche peut correspondre à votre degré d'harmonie avec vous-même. Si elle tinte clairement, cela reflète la belle sonorité de votre source de vie. Si elle émet un son étouffé ou grave, le moment est peut-être venu de prendre le temps de retrouver votre harmonie intérieure.
• La cloche représente parfois un avertissement. Soyez vigilant.
• Les cloches sonnent pour célébrer des occasions spéciales. De belles joies vous attendent.

Clôture

• Les contraintes vous pèsent-elles au point de vous brimer ? Sachez que nous créons nous-mêmes la plupart des situations contraignantes. Mettez les choses en perspective et dites-vous qu'il est possible de changer soit la situation elle-même, soit votre attitude à l'égard de celle-ci.
• Auriez-vous besoin de poser des limites ? Soyez précis sur ce que vous acceptez de faire ou non.

• On enferme les animaux féroces dans des enclos. Avez-vous l'impression qu'on cherche à restreindre votre énergie primale ?

Clou

• Le clou d'un charpentier peut représenter le détail soutenant une structure, les détails qui comptent. Les clous permettent de lier les éléments d'un projet. Tous les détails sont-ils en place pour entrevoir de plus grands projets ?
• Vous sentez-vous cloué sur place ?
• Est-ce que quelqu'un enfonce le clou, c'est-à-dire qu'il insiste ?
• Souhaitez-vous qu'on vous accorde plus d'attention ? Être le clou de la soirée ?

Clown

• Riez de vous-même. Soyez heureux, laissez tomber les inquiétudes. Profitez de la vie.
• Faites-vous le pitre alors que vous devriez être un peu plus sérieux dans la vie ?

Cobra

• Le cobra peut être un puissant symbole de l'énergie kundalini, c'est-à-dire l'énergie vitale située à la base de la colonne vertébrale. Il peut signaler la transformation et le pouvoir.
• Le cobra peut aussi représenter la méfiance et la peur.

Cochon

• Le cochon peut être le signe que l'on fait des excès.
• Un signe de saleté ou d'impureté.
• Les cochons sont en fait intelligents et robustes, mais les humains leur ont donné une connotation négative. Y a-t-il dans votre vie quelque chose de positif et de précieux que d'autres jugent indésirable ?

Coccinelle

• La coccinelle est un important symbole de chance.

Cocon

- Le cocon recèle un incroyable potentiel de transformation.
- Vous repliez-vous sur vous-même ou vous isolez-vous des autres et même de la réalité ? Il y a des périodes de la vie où il est nécessaire de s'isoler pour faire le point et se ressourcer, mais il faut savoir distinguer entre ces stades importants et la fuite.

Cœur

- Le cœur est le signe de l'amour et du bonheur. On dit qu'il est le centre de l'amour vrai et on croit qu'il représente les émotions. C'est le seul organe que les Égyptiens laissaient dans les momies, car le cœur était jugé indispensable pour faire le voyage dans l'infini. Les expressions « avoir le cœur gros », « Le cœur n'y est pas », « Elle m'a brisé le cœur », indiquent bien le lien symbolique du cœur avec nos émotions. Devriez-vous ouvrir votre cœur à la vie et à l'amour ? Votre volonté d'aimer pleinement est directement proportionnelle à votre capacité d'être aimé profondément.

Cogner

- Vous devriez peut-être prendre conscience de quelque chose de nouveau. Une occasion frappe à votre porte. Tenez-vous prêt pour des projets tout neufs.
- Avez-vous plutôt l'impression que vous ne devriez pas ouvrir ?

Coin

- Vous sentez-vous coincé ? Rappelez-vous qu'il y a toujours une issue.

Colère

- Si vous voyez constamment des gens en colère ou des situations de conflit, c'est habituellement le signe que vous êtes inconsciemment en colère contre quelque chose. Prenez le temps d'examiner ce qui se passe dans votre vie afin de vérifier si vous réprimez votre propre colère, et cela, même si vous vous sentez consciemment équilibré. La colère n'est pas nécessairement une mauvaise émotion. Elle ne devient destructrice que lorsqu'elle est intériorisée ou déversée sur autrui.

• Vivez-vous une situation où le feu de la colère pourrait vous aider à procéder aux changements que vous souhaitez ? L'indignation mise à profit dans un contexte approprié peut représenter une force transformatrice.

Colibri

• Y a-t-il trop de frénésie dans votre vie ? Serait-ce le moment de ralentir et de relaxer ?
• Le colibri représente l'énergie et la joie pures de plonger dans le nectar de la vie. Il peut voler vers le haut, vers le bas et même à reculons. Répandez votre belle énergie dans toutes les directions.

Colis

• Expédier un colis peut signifier que vous quittez un comportement ou un *pattern*.
• Recevoir un colis peut indiquer que vous acceptez une partie de vous-même que vous ne reconnaissiez pas auparavant.

Colle

• La colle crée un lien entre des idées ou des objets.

Collines

• Les collines peuvent signifier la sensualité féminine et les seins, car elles forment des monticules sur notre mère la Terre. Cela pourrait signifier de manifester votre sensualité.
• Cela peut aussi être le signe d'un petit problème qui vous semble gros. Faites-vous une montagne de quelque chose sans gravité ?

Collision

• Si vous subissez une collision ou qu'il s'en produit autour de vous, cela peut signaler de graves conflits intérieurs ou de profonds problèmes non résolus. Prenez le temps de bien évaluer où vous en êtes.

Colombe

• La colombe symbolise la paix et l'amour. Elle est associée aux déesses de l'amour, Aphrodite et Vénus, et elle apparait sur les cartes de Saint-Valentin.
• Souhaitez-vous faire la paix avec quelqu'un ou quelque chose ?

Côlon

• Le moment serait-il venu d'éliminer certains événement du passé ?
• C'est peut-être le signe de prêter attention à la santé de votre côlon et de procéder à une bonne purge.

Combat

• C'est généralement le signe d'un conflit intérieur. Si des batailles se produisent autour de vous, faites un examen de conscience, pour déceler des problèmes émotifs non résolus.
• Cela peut aussi être le signe d'émotions refoulées. Accueillez toutes vos émotions, quelles qu'elles soient, y compris la colère. Elles font partie de la vie. La colère refoulée peut causer des ennuis de santé.
• Êtes-vous prêt à vous battre pour ce en quoi vous croyez ? Dans la vie, il faut parfois savoir être patient et compréhensif, mais à d'autres moments, il est opportun de se battre. Sachez reconnaître quelle attitude adopter.
• Cela peut être le signe d'un conflit intérieur entre ce que vous voulez faire et ce que vous pensez devoir faire. Il peut aussi s'agir d'un conflit entre la morale et vos besoins personnels ou entre ce que l'enfant en vous désire et ce que l'adulte croit être plus raisonnable. Serait-ce le moment de découvrir la voie qui vous convient et de la suivre cœur et âme ?
• Vivez-vous un conflit intérieur profond ? Ressentez-vous de l'hostilité contre une situation ou contre quelqu'un ? Ou peut-être êtes-vous en conflit avec vous-même ? Le moment est sans doute venu de le résoudre.

Comète

• La comète est un symbole très fort annonçant un grand épanouissement personnel et spirituel.

Confitures

• Les confitures représentent les petites douceurs de la vie. Prenez-vous le temps d'en profiter ?

Conflit

• Si vous voyez des conflits autour de vous, il est probable qu'il y en ait dans votre vie qui ne soient pas résolus, même si vous vous sentez calme et équilibré en apparence.

Confusion

• Bien que la confusion puisse être causée par des facteurs de toutes sortes (par exemple, une allergie alimentaire), elle se produit souvent quand vous ne voulez pas faire face à quelque chose. S'il semble y avoir de la confusion autour de vous, prenez le temps de sonder les profondeurs de votre âme, pour y trouver la vérité.

Congelé (Voir aussi Eau)

• Vous vous fermez peut-être sur le plan émotif, vous gelez vos émotions. Prenez le risque de partager ce que vous ressentez vraiment.

Constipation

• Vous retenez-vous de quitter certaines choses, certaines situations ou certaines personnes superflues ? Ce signe pourrait aussi indiquer que vous devez modifier votre régime alimentaire.

Construire / Construction (Voir aussi Maison)

• Créer de nouvelles bases dans la vie. Certains types de constructions ont une signification particulière. Par exemple, une église peut avoir trait à la religion ou à la spiritualité, ou alors à une adhérence rigoureuse à un système de croyances. Un édifice gouvernemental peut symboliser l'autorité et l'organisation ou la politique. Une forteresse peut suggérer que vous vous barricadez contre des influences extérieures.

Contact

• Cela représente votre commutateur personnel. Si vous avez du mal à faire démarrer votre voiture, demandez-vous si vous avez des difficultés à démarrer dans la vie.

Coq

• Le coq s'apparente parfois à un homme vaniteux qui croit pouvoir séduire facilement. Serait-ce le moment de cultiver un peu d'humilité ?
• Le chant du coq signale le lever du jour. Devriez-vous vous « éveiller » à la spiritualité ? Est-ce le moment de sourire à la vie ?
• Au Moyen Âge, on plaçait une girouette au sommet du clocher des églises. Tout en symbolisant la vivacité, le coq attendait la bénédiction du Christ, même avant le lever du soleil.

Cornes

• Jung a affirmé que les cornes étaient un double symbole. Bien que les animaux qui en sont dotés et les cornes elles-mêmes soient souvent associés à la virilité et à la sexualité masculine, la forme de la corne ressemble à un réceptacle et peut donc avoir également une connotation féminine.
• Autrefois, on les creusait pour en faire des tasses, et c'est ce qui explique qu'elles aient été associées à l'abondance, en Chine ; pensons à la corne d'abondance. Chez les anciens gnostiques, la corne représentait le principe qui conférait maturité et beauté à toutes choses.
• Dans certaines cultures, les animaux à cornes représentaient psychologiquement le diable. Les cornes peuvent symboliser les forces destructrices du psychisme.

Corneille (Voir aussi Corbeau)

• La corneille est considérée dans de nombreuses cultures comme un signe très puissant. Les Chinois de l'Antiquité pensaient que la corneille signifiait l'isolement de ceux qui vivaient dans un royaume supérieur. Pour certains Amérindiens, la corneille possède des pouvoirs mystiques et est le créateur du monde visible. Les Celtes, les tribus germaniques et les Sibériens y conféraient le même sens. On croyait que l'œil de la corneille était l'entrée des royaumes surnaturels et aux mystères intérieurs de la vie. La corneille était aussi porteuse de messages du royaume des esprits.

Les indigènes croient que la corneille a le don d'ubiquité et qu'elle peut atteindre d'autres royaumes de conscience. Le changeur de forme peut se trouver en deux endroits en même temps et emprunter d'autres formes physiques. La corneille habite au-delà du temps et de l'espace. Elle peut se déplacer dans le passé, le présent ou le futur, à travers les ténèbres comme dans la lumière. Les premiers alchimistes la percevaient de manière semblable, car ils l'associaient à l'état « initial » renfermant à la fois la matière et la pensée.

• Si ce signe se manifeste, tenez-en compte, car la corneille vous annonce un changement dans votre vie. Elle vous signale de sortir des sentiers battus, de regarder la réalité autrement et d'explorer les royaumes intérieurs. Pour ce faire, votre intégrité doit être sans faille. Si certains aspects de votre vie manquent à l'éthique, apportez les changements nécessaires. Tenez parole, dites la vérité. Préparez-vous à changer de forme et libérez votre ancienne réalité afin d'accueillir une nouvelle façon de vous percevoir et de percevoir le monde autour de vous. Écoutez les messages qui proviennent des mystérieux royaumes intérieurs.

• Dans certaines cultures, la corneille faisait peur, car on l'associait à la mort. À cause de sa couleur noire, elle représentait le néant et les royaumes intérieurs inconnus. Craignez-vous votre propre mort et vos ténèbres intérieures ? Si la corneille vous apparaît en signe, prenez le temps d'explorer vos ténèbres intérieures et écoutez l'ancienne sagesse qui se trouve en vous.

• La corneille et le corbeau sont de la même espèce et ont des sens similaires, à certains égards.

Corps (Voir aussi les différentes parties du corps, car chacune d'elles correspond à un symbole)

• Le côté droit peut correspondre à votre image extérieure, à votre côté masculin et moral (droit) ainsi qu'à votre force extérieure. (Si vous êtes gaucher, c'est l'inverse.)

• Le côté gauche peut avoir trait à votre côté réceptif, féminin, intérieur.

• La partie inférieure du corps peut représenter votre instinct ainsi que vos chakras inférieurs, ceux qui correspondent aux racines et à la sexualité.

• Un corps nu peut signifier de la vulnérabilité, tandis que trop de vêtements pourrait indiquer que vous vous cachez.

Cou

• S'étirer le cou pour voir plus loin comporte des risques. Êtes-vous prêt ?
• Un centre d'énergie situé dans le cou est lié à la communication. Êtes-vous disposé à dire la vérité ?
• Le cou relie la tête (l'intellect) au cœur (les émotions). Devriez-vous équilibrer le cœur et la raison ?
• Le cou est parfois un signe de souplesse, car il peut indiquer que vous consentez à examiner les deux côtés d'une situation. Si vous ressentez une raideur, c'est peut-être que vous êtes inflexible. Devriez-vous libérer vos craintes ?

Couleurs (Voir aussi les définitions de chaque couleur dans le lexique)

• Chaque couleur correspond à un signe personnel. En général, le rouge est lié au dynamisme et à la sexualité ; l'orange correspond à la vie sociale et au plaisir ; le jaune remonte le moral et améliore la communication ; le vert est associé à la guérison et à l'abondance ; le bleu, à la paix et à la spiritualité ; le mauve, à la sagesse spirituelle et à la perception parapsychologique ; le rose, à l'amour ; le noir, à l'inconnu et aux ténèbres ; le blanc, à la pureté et à la lumière ; le doré, à l'illumination et à la prospérité ; et l'argent, au reflet de la lune, à la magie et au mysticisme.

Coupure

• Suivant le contexte, cela peut vouloir dire se débarrasser de certaines opinions, habitudes, comportements ou croyances.
• Cela peut aussi représenter le désir de vous éloigner de quelqu'un ou d'une situation. Couper les liens qui vous retiennent.
• Si vous vous coupez et que vous saignez, vous perdez votre force vitale.
• Une coupure peut également représenter une initiation. Dans la culture tribale, on initie les jeunes gens en faisant des entailles sur leur corps, comme rite de passage à l'âge adulte.
• Vous sentez-vous « coupé » de tout ?

Cour / Tribunal

• Portez-vous un jugement sur vous-même ou quelqu'un d'autre, concernant une situation en particulier ? Toutes vos expériences (même celles qui vous paraissent mauvaises) ont eu leur raison d'être, puisqu'elles vous ont permis de grandir et d'évoluer.

Couronne

• Un couronnement peut représenter le sommet d'une réalisation.

Courrier (Voir aussi Lettre)

• Voilà un signe évident de messages à venir.

Course

• Votre vie est-elle une course contre la montre ? Le temps passe-t-il trop vite pour vous ? Ralentissez, prenez le temps de vivre. Rappelez-vous la fable du lièvre et de la tortue. « Rien ne sert de courir. Il faut partir à point. » Il vaut mieux aller lentement mais sûrement, pour réaliser ses objectifs. Votre seul concurrent, c'est vous-même.
• Avez-vous un concurrent ou désirez-vous concurrencer quelqu'un ? Mesurez votre valeur par rapport à vous-même plutôt qu'à autrui, et vous serez beaucoup plus heureux.
• Si vous vous concurrencez vous-même, profitez de l'expérience autant que du résultat final, car vous en serez encore plus fier.

Courtepointe

• Un patchwork est composé de différents bouts de tissu devenus inutilisables qui, cousus ensemble, se transforment en une œuvre d'art. Vous pouvez combiner des parties de votre vie apparemment inutiles pour en faire quelque chose de complètement nouveau et de très beau.
• Traditionnellement, les dames travaillaient ensemble à fabriquer des courtepointes. Tout en cousant, elles bavardaient et se confiaient leurs préoccupations. C'était une activité conviviale et réconfortante. Le moment serait-il venu de travailler collectivement à un objectif commun ?

Couteau

• Cela peut symboliser des forces créatrices ou destructrices. Le couteau peut indiquer de vous défaire de ce dont vous n'avez plus besoin, comme de vieux modèles de pensée ou d'anciens comportements. Il peut aussi vous signaler la nécessité symbolique de retirer les épines d'une rose ou l'argile de trop sur une belle poterie, c'est-à-dire ce qu'il y a de superflu dans votre vie. Faites le nécessaire pour que votre pensée soit plus nette, afin d'évoluer.
• Le couteau peut symboliser la peur d'être envahi sur le plan émotif ou pénétré sur le plan sexuel. Avez-vous l'impression que quelqu'un veut vous planter un couteau dans le dos ?

Couture

• Une couture relie des pièces ensemble. Est-ce que les coutures se défont ? Faites l'affirmation suivante : « Quelle que soit la forme que ma vie prenne, je sais qu'il existe un projet supérieur et que tout se tient et se déroule à la perfection. »

Couvent (Voir aussi Monastère)

• Un couvent représente le besoin de vous tourner vers l'intérieur afin d'atteindre l'aspect divin féminin en vous.
• Le couvent est un sanctuaire à l'écart de la vie moderne. Mettez un peu de calme et de simplicité dans votre vie.
• C'est peut-être le symbole indiquant que vous vous cachez de vous-même en vous isolant. Il est pourtant possible de vivre une belle sérénité intérieure tout en faisant partie du monde.

Crabe

• Contournez-vous les problèmes qui se présentent, plutôt que de les affronter ? Évitez-vous les difficultés ?
• Le crabe représente le signe du Cancer, en astrologie. Tout comme le crabe est un des symboles de la mer, le berceau de la vie, les personnes du signe du Cancer sont généreuses et maternelles. Connaissez-vous des gens nés sous ce signe, qui vous sont chers ? Remarquez ce que vous ressentez à l'égard du crabe, pour découvrir le sens que ces gens ont dans votre vie.

Crayon

• Ce signe indique de vous exprimer. Toutefois, le crayon laisse des traces moins permanentes que la plume. Avez-vous envie de faire des essais, dans la vie, et d'éviter les erreurs ?

Crise

• C'est habituellement en période de crise que l'être humain cherche un sens à sa vie et se tourne vers la spiritualité. Une crise est souvent un carrefour de la vie. Serait-ce le moment de vous poser des questions comme « Qui suis-je ? », « Où vais-je ? », « Quelle est ma source spirituelle ? » Voici un moment important de votre vie.

Cristal

• Le cristal est un transmetteur et un amplificateur. Spirituellement, c'est un symbole puissant correspondant à la clarté et à l'énergie spirituelle. C'est le signe du mystique. Écoutez attentivement le message de ce signe.

Critique

• Êtes-vous trop critique envers vous-même ou les autres ? Devriez-vous faire davantage la part des choses ?

Crocodile

• Dans l'Égypte ancienne, on associait deux interprétations au crocodile. D'une part, on croyait qu'il symbolisait la méchanceté et la fureur, mais d'autre part, les hiéroglyphes montraient des morts transformés en crocodiles de la connaissance et donc représentant le pouvoir et la sagesse.
• Le crocodile peut signifier des problèmes ou du danger sous la surface. Ce danger peut provenir de vous-même ou d'un proche. Regardez sous la surface, pour apercevoir la vérité.
• Lorsqu'on dit que quelqu'un verse des larmes de crocodile, cela indique la malhonnêteté, le mensonge ou l'hypocrisie.

Croix

• La croix était un symbole mystique même avant l'ère chrétienne. Elle représentait l'équilibre sacré des contraires, le ciel et la terre. On la comparait à une échelle servant à grimper jusqu'au ciel.
• Dans la civilisation chrétienne, on l'associe à l'amour. Elle peut aussi symboliser le sacrifice et la souffrance du Christ. L'expression « porter sa croix » a trait au sacrifice. Vous sacrifiez-vous pour quelqu'un ou quelque chose ? Donner de vous-même et faire don de vos biens librement augmente votre énergie, mais vous sacrifier sape celle-ci et ne profite à personne. Donnez-vous librement de vous-même, ou vous sacrifiez-vous ?
• La croix servait aussi à éloigner le diable. Avez-vous l'impression de devoir vous protéger ? Demandez aux anges et à l'énergie divine de vous protéger.

Croix ansée

• La croix ansée est un vieux symbole égyptien de sagesse spirituelle et de guérison. Il s'agit peut-être d'un signe venant d'une vie antérieure.

Crucifixion

• C'est le sacrifice suprême. Avez-vous l'impression qu'une personne cherche à vous faire souffrir intensément ? Acceptez-vous qu'on vous fasse souffrir ? Il n'est pas nécessaire de souffrir, pour grandir. Transcendez la situation et voyez-la de plus haut.

Cuisinier / Cuisiner

• Un cuisinier peut signifier l'alimentation et le confort matériel.
• C'est peut-être le moment de synthétiser les différents éléments de votre vie pour en faire quelque chose d'assimilable et de nourrissant pour votre âme.

Cuir

• Un signe de robustesse. Vivez-vous quelque chose qui vous oblige à être aussi résistant que le cuir ?

Culpabilité

• Si vous avez l'impression d'être entouré de gens qui se sentent coupables, vous devriez vous demander s'il y a quelque chose dont vous n'assumez pas la responsabilité dans votre vie. La culpabilité peut être une façon de nier la responsabilité. Si vous avez fait du tort à quelqu'un, réparez-le. Après avoir assumé vos actes et fait ce que vous pouviez pour réparer vos torts, souvenez-vous d'être indulgent envers vous-même. Si votre sentiment de culpabilité provient de l'impression d'un manque de mérite, n'oubliez pas que chaque expérience permet d'apprendre et de grandir, qu'aucune n'est bonne ou mauvaise sauf si vous en jugez ainsi.

Cygne

• Le cygne blanc représente la déesse blanche et la beauté. S'il vous apparaît, élancez-vous vers de nouveaux sommets, en toute liberté et avec grâce. Un cygne noir peut avoir trait à vos mystères intérieurs et à votre intuition.
• Certains pensent que le cygne indique l'équilibre entre les énergies masculine et féminine, parce que la douceur et la rondeur de son corps suggèrent la féminité, tandis que son cou très allongé fait penser au pénis.
• Apollon, le dieu de la musique, était associé au cygne en raison du mythe selon lequel le volatile chante merveilleusement avant de mourir : le chant du cygne.

Danger

• Si vous sentez le danger autour de vous ou que vous vous trouvez souvent en situation délicate, c'est que vous devriez régler un conflit profondément inscrit en vous.

Danser

• Ce signe dépend de la danse elle-même. S'il s'agit d'une danse libre ou de transe, le message indique de laisser aller votre spontanéité et le flot naturel de votre vie. S'il s'agit d'une danse plus structurée, comme le ballet, cela peut vouloir dire de respecter davantage les normes en avançant dans la vie, d'être plus discipliné.
• Danser peut aussi signifier une immense joie. C'est la danse de la vie.

• La danse a parfois une connotation sexuelle. Enthousiasme et sensualité.

Dauphin

• Voilà un symbole très puissant. Les dauphins sont le signe d'une joie sans bornes, d'amusement, de spontanéité et même d'illumination spirituelle. Ce sont des êtres supraconscients et intelligents qui ont appris à vivre ensemble, dans l'harmonie et la joie. Devriez-vous vous amuser davantage et être plus joyeux ?

Dédale

• Vous sentez-vous perdu et confus, incertain du chemin à suivre ? Arrêtez-vous et écoutez votre intuition. En fait, vous savez où est l'issue. Écoutez votre petite voix intérieure.

Défécation ***(Voir Excréments)***

Défilé

• Vous souhaitez être reconnu, en particulier pour vos efforts envers la collectivité ?
• Un défilé est une manifestation publique de fierté. Serait-ce le moment d'informer les autres que vous êtes fier de vous ?
• Chacun des participants au défilé représente un aspect de vous-même.

Démon ***(Voir Diable)***

Dent

• Devriez-vous mastiquer davantage vos aliments afin de mieux les digérer ?
• Mastiquer peut être le signe de mordre dans la vie à belles dents. Le moment est venu.
• Si vous êtes en train de perdre une dent, cela signifie peut-être que vous parlez trop ou que vous dispersez votre énergie. C'est peut-être que vous ne comprenez pas bien un problème ou une situation.

• Les dents correspondent à l'esprit de décision. Si vous les perdez, c'est que vous perdez votre pouvoir de décision. Cela signifie peut-être aussi que vous perdez la face ou que votre apparence se dégrade. Avez-vous l'impression de manquer de pouvoir ? Devriez-vous garder la bouche fermée parce que vous parlez trop ? Perdre ses dents peut signaler un discours incohérent, mais peut aussi symboliser le passage à l'âge adulte, une nouvelle étape de la vie, car les dents de lait sont remplacées par les dents permanentes.
• Il arrive que la perte des dents signale un problème dentaire. Consultez votre dentiste.

Dépendant

• Ce signe peut vouloir dire que vous cédez votre pouvoir à quelqu'un ou à quelque chose. Êtes-vous dépendant de quelqu'un ou de quelque chose ? Demandez de l'aide professionnelle ou adressez-vous à vos guides spirituels.

Désert

• Jésus est allé dans le désert pour faire une régénération spirituelle. Ce peut être un lieu de purification et de ressourcement émotif.
• Le désert est aussi un signe de désolation. Un lieu aride où rien ne pousse. Avez-vous l'impression que vos ressources sont épuisées ? Vous sentez-vous isolé ? Votre vie vous semble-t-elle dépourvue de sens ? Si le désert représente l'aridité, pour vous, alors entourez-vous d'eau en allant nager ou en prenant un bain, afin de neutraliser ce sentiment. Prenez les mesures pour remplir votre vie d'amour et d'abondance de nouveau. Cultivez votre jardin.

Dette

• Devez-vous quelque chose, ou vous doit-on quelque chose ? Occupez-vous de vos dettes ou de celles des autres à votre égard. Sinon, cela bloque le flot d'énergie.

Deuil

• Le deuil peut être un signe de perte extérieure, comme une rupture, le vol de vos biens, un changement de statut ou la mort d'un ami ou d'un membre de la famille. Le deuil peut aussi refléter une perte intérieure, si vous avez libéré des parties de vous-même, comme des comportements qui ne vous convenaient plus, afin de vivre plus pleinement. Cela n'est pas nécessairement mauvais. Souvent, lorsque nous laissons tomber un vieux comportement nuisible, une période de deuil s'ensuit, parce que nous avons perdu une partie de notre identité.

Devoir

- Oubliez-vous vos devoirs ? Votre premier devoir est envers vous-même, car il faut d'abord être serein avant de pouvoir aider les autres. Vous respectez-vous ?
- Vous sentez-vous coupable de ne pas vous conformer aux notions conventionnelles de bien et de mal ?

Diable

- Ce signe peut indiquer un conflit intérieur entre la part de vous que vous qualifiez de « bonne » et celle que jugez « mauvaise ». Il est important de ne pas rejeter les jugements que vous portez sur vous-même, car ce à quoi on résiste persiste. Faites face à vos « démons » intérieurs, afin de mieux assumer la vie.

Diamant

- Lorsque le charbon est soumis à une forte pression, il se transforme en diamant. Les facettes de votre vie qui semblent sous pression sont susceptibles de vous aider à accéder à la clarté du diamant.
- Un diamant peut représenter les différentes facettes de votre être pur.

Diarrhée

- Les animaux (et les humains) ont la diarrhée, quand ils ont peur. Y a-t-il des sources de crainte non résolues, dans votre vie ? Répétez l'affirmation « Je suis en paix avec moi-même ».
- Ce signe peut indiquer que vous devez assimiler quelque chose que vous n'arrivez pas à digérer. Répétez-vous que vous absorbez tout ce dont vous avez besoin dans la vie et laissez faire le reste.

Dieu / Déesse

• Ce signe est manifestement le présage d'une incroyable unité, d'amour universel et de totale acceptation de soi.
• Pour ceux qui ont grandi suivant des principes religieux très stricts, cela peut être un signe de remontrance du ciel, surtout si vous avez commis un acte répréhensible dont vous vous sentez coupable.

Digue

• Une digue peut être le signe d'émotions refoulées sur le point d'être libérées. Vivez-vous une situation qui devrait être dénouée depuis longtemps ? Réglez-la sans tarder, sinon la digue va sauter.

Divorce

• Y a-t-il une situation ou une personne dont vous souhaitez vous séparer ? Entretenez-vous le désir secret de mettre un terme à une relation ? Craignez-vous que votre couple ne se termine par un divorce ? Craignez-vous inconsciemment que votre conjoint envisage le divorce ? Évaluez la situation et décidez des mesures à prendre pour réaliser ce que vous désirez le plus.
• Le divorce peut représenter une coupure au niveau du psychisme, c'est-à-dire entre la raison et le cœur ou entre le féminin et le masculin en vous.

Doigts

• Chaque doigt représente quelque chose de différent, selon la culture dans laquelle vous vivez. En Occident, l'annulaire symbolise souvent le mariage et les unions. Le majeur peut signifier la colère ou représenter un symbole sexuel. Le pouce indique que tout va bien.
• Pointer quelqu'un du doigt peut signifier le blâmer. Est-ce qu'on vous pointe du doigt ? Blâmez-vous quelqu'un ?

Dormir

• Un signe évident d'un besoin de sommeil.
• Cela peut signifier que vous stagnez, que vous ne voulez rien changer. Faites l'affirmation suivante : « Je suis éveillé et conscient de moi-même et de toute la vie autour de moi. »

Dos

• Ce peut être le signe de vous retirer d'une situation, de faire marche arrière, de battre en retraite ou de revenir sur une décision. Cela peut aussi signifier de quitter quelqu'un ou quelque chose. Dans la vie, il y a des moments pour avancer et d'autres pour reculer. Cela n'a rien de déshonorant. Évaluez la situation et voyez si vous feriez mieux d'y tourner le dos.
• C'est peut-être le signe de porter attention à votre dos, le soutien de votre corps.
• Il s'agit peut-être d'une référence à votre réseau de soutien. Avez-vous besoin d'aide ?

Dragon

• Symbole très puissant. Le dragon représente la force vitale et un grand potentiel. C'est le moment d'assumer votre pouvoir intérieur.
• Le temps est venu de vaincre le conflit, de conquérir vos peurs et de tuer le dragon, afin de nourrir votre force intérieure et de parvenir à votre libération.
• Les dragons sont les gardiens des trésors. De la peur ou du pouvoir entrave-t-il votre élan vers ce que vous désirez le plus ?
• Le dragon ailé est un puissant symbole de transcendance. Ce signe symbolise l'accession à de hauts niveaux spirituels et mystiques.

Dynamite

• La dynamite est le signe d'une situation explosive. Prenez le temps de désamorcer le problème.

Ébullition

• L'ébullition signale un seuil critique. Le message annonce une situation sur le point de se dénouer. Concrètement, on peut songer à une infection aiguë ou à un gros chagrin (comme dans l'expression « pleurer à gros bouillons »).
• De l'eau qui bout peut annoncer des émotions qui se purifient et se transforment.
• Ce peut aussi être le signe d'une colère refoulée en train de refaire surface.

Échelle

• Une échelle peut indiquer que vous parvenez à un niveau de conscience supérieure et à de nouveaux sommets dans votre vie.
• Cela peut symboliser l'échelle de Jacob vers le ciel, afin de rejoindre le royaume des anges.
• Si vous montez sur l'échelle, vous vous dirigez vers la réussite. Si vous en descendez, cela peut signifier que vous pénétrez dans votre subconscient ou que votre chance diminue.

Échec

• Si vous voyez l'échec partout, comme des ruptures, des faillites, etc., cela signifie peut-être que vous vous sentez vous-même en situation d'échec. Réévaluez votre vie. Ce qui semble un échec pour certains peut représenter une réussite pour d'autres. Un échec est parfois un carrefour dans la vie, qui permet de changer de stratégie et de faire mieux.

Écho

• Écoutez attentivement ce que vous dites et ce que vous projetez dans l'Univers, car tout cela vous reviendra comme en écho.

Écluse

• Une écluse peut vous indiquer de mesurer le niveau de votre énergie psychique.

Écrasement / Naufrage

• Voilà un signe très puissant vous intimant de ralentir. Évaluez votre vie actuelle. Qu'attendez-vous de la vie ? Allez de l'avant avec détermination, mais prudemment. Un accident de voiture peut symboliser votre corps physique. Un naufrage, votre être émotionnel, et un écrasement d'avion, votre entité spirituelle.

Église

• Une église peut signifier la foi, l'espoir et l'amour, un sanctuaire, un refuge spirituel, la sécurité ou le temple de l'âme.
• Elle peut représenter le dogme et les contraintes de la religion.

Élastique

• Faites preuve de souplesse, afin d'explorer de nouveaux domaines.

Électricité

• Des systèmes bioélectriques vous traversent. L'électricité peut représenter la force vitale. Faites attention aux champs électriques qui vous entourent, car ils réagiront à vos champs personnels. Des fusibles qui sautent peuvent vous signaler que vous brûlez trop d'énergie. Le cas échéant, prenez le temps de vous reposer et de vous ressourcer. Si le courant faiblit, cela peut signifier que votre force vitale diminue.
• Souvent, lorsqu'une personne commence une Quête de vision, son champ électrique personnel se modifie et cela peut affecter les champs électriques à proximité. Par exemple, il se peut que des ampoules grillent, que les lampadaires de la rue s'allument ou s'éteignent, que le téléviseur s'allume tout seul et que les bandes magnétiques des cartes de crédit s'effacent. Ce sont toutes des indications que le champ bioélectrique personnel change. Quand celui-ci se sera adapté au nouveau circuit, ses effets sur les champs électriques s'estomperont.

Éléphant

• L'éléphant est un signe de pouvoir. Il peut s'agir d'un grand pouvoir tendre ou alors d'une puissance destructrice. Le puissant dieu éléphant indou Ganesha avait le pouvoir de retirer les obstacles qui se présentaient. Vous possédez toute la force et tout le pouvoir nécessaire pour enlever les obstacles sur votre route.
• On dit que l'éléphant n'oublie jamais. Devriez-vous vous souvenir de quelque chose ? L'éléphant veut peut-être vous rappeler de ne pas oublier ?

Éloges

• Si vous entendez des éloges autour de vous, même si vous n'en êtes pas l'objet, c'est le signe que vous recevrez des félicitations. Vous pouvez être fier de vous.

Émeraude

• L'émeraude peut être le signe de votre merveilleux pouvoir de guérison. L'émeraude était utilisée dans de nombreuses cultures pour ses propriétés curatives. Les anciens Égyptiens s'en servaient et la qualifiaient de « bijou de Vénus et de l'amour ». Cette pierre peut représenter votre côté magique. C'est peut-être le moment d'entrer en contact avec votre magie intérieure.

Émotions

• Toutes les émotions que vous captez chez les gens autour de vous reflètent habituellement votre propre état émotif. Si vous percevez un grand nombre de gens tristes dans votre entourage (même si vous ne vous sentez pas triste, consciemment), cela indique que vous réprimez de la tristesse. Si tout le monde vous semble en colère autour de vous, alors que vous vous croyez calme, examinez vos émotions, afin de voir s'il ne subsiste pas de la colère non résolue en vous. Inversement, si tout le monde vous semble heureux et équilibré, mais que vous vous sentez déprimé, il est fort probable que votre état émotif soit sain, en réalité.
• Toutes les émotions que vous captez chez les gens autour de vous reflètent habituellement votre propre état émotif. Si vous percevez un grand nombre de gens tristes dans votre entourage (même si vous ne vous sentez pas triste, consciemment), cela indique que vous réprimez de la tristesse. Si tout le monde vous semble en colère autour de vous, alors que vous vous croyez calme, examinez vos émotions, afin de voir s'il ne subsiste pas de la colère non résolue en vous. Inversement, si tout le monde vous semble heureux et équilibré, mais que vous vous sentez déprimé, il est fort probable que votre état émotif soit sain, en réalité.

Énergie atomique

• L'énergie atomique recèle un énorme potentiel qui peut être utilisé de façon positive aussi bien que négative. Il est nécessaire d'exploiter ce pouvoir à des fins constructives.
• Des signes d'énergie atomique peuvent signaler que vous participez à la conscience collective qui craint pour l'avenir de la planète. Comme vos intentions comportent un pouvoir réel, concentrez-vous sur votre énergie intérieure, car vous pouvez faire une différence dans l'évolution du monde actuel en répandant de la paix.

Enfant

• L'enfant peut symboliser celui qui est en vous, c'est à dire votre côté joyeux, spontané et sociable. On ignore souvent le côté enfant en soi. Laissez-le jouer et avoir du plaisir dans la vie. Si vous ne le faites pas maintenant, quand le ferez-vous ?
• Ce signe peut aussi signaler des problèmes provenant de l'enfance, sur le point de refaire surface afin d'être résolus. Si des souvenirs d'enfance, même déplaisants, vous viennent à l'esprit, cela veut dire qu'un ménage émotif accompagné d'une réévaluation du passé se produit en vous.
• Souhaitez-vous inconsciemment avoir des enfants ? Souvent, avant d'être enceinte, une femme se mettra à voir des enfants partout, même si elle n'en souhaite pas. Si vous n'êtes pas à une étape de votre vie favorable à l'enfantement et que vous voyez des enfants partout, surtout des bébés, prenez des précautions supplémentaires de contraception.

Enfer

• Cela peut être le signe de difficultés personnelles que vous traversez. Il y a toujours une issue. Essayez de mettre les choses en perspective.

Engourdissement

• Cela peut indiquer que vous vous coupez de vos émotions ou que vous refoulez quelque chose qui vous fait peur. Vous vivez peut-être un choc émotif. Si le signe persiste, prenez les mesures nécessaires et consultez un thérapeute.

Ennemi

• Cela peut être le signe qu'une bataille intérieure se livre en vous. Réconciliez-vous avec les parties de vous-même que vous avez tendance à nier.

Enseignant

• Chaque personne que nous rencontrons nous enseigne quelque chose, mais le meilleur enseignant entre tous se trouve en vous. Écoutez votre maître intérieur.

Enterrement / Enterrer

• Un enterrement peut signifier la mort de vieilles façons de penser. Il est très rare qu'un enterrement annonce la mort imminente de quelqu'un. Il veut presque toujours dire qu'une étape de votre vie est achevée.
• Y a-t-il quelque chose d'enfoui dans votre subconscient que vous devez libérer ? Ce peut être le signe d'un déni ou de quelque chose qu'on vous cache. Examinez les autres signes, pour découvrir ce qui est enfoui dans votre subconscient.
• Enterrez la hache de guerre. Lâchez prise sur vos vieilles rancunes. Si le signe est en rapport avec quelqu'un, libérez les blocages émotifs que vous éprouvez à son égard.

Épingle

• Une épingle permet d'attacher des éléments ensemble ou de les suspendre. Êtes-vous « l'épingle » qui relie des gens, dans un aspect de votre vie ?
• Quelqu'un cherche-t-il à vous « épingler », à vous immobiliser ?
• Devriez-vous vous attacher davantage à quelqu'un et prendre un engagement ?
• Quelqu'un cherche-t-il à vous prendre au piège ?
• Devriez-vous faire en sorte de tirer votre épingle du jeu ?

Éruption

• Une personne ou une situation est peut-être sur le point d'éclater. Cela pourrait avoir un effet bénéfique, car la pression diminuera. Exprimez vos émotions, pour ne pas les laisser s'accumuler et vous causer des ennuis.

Escalade

• L'escalade peut représenter une ascension personnelle dans votre vie professionnelle ou privée. Cela peut signifier que vous arrivez au plus haut échelon dans votre profession.
• L'escalade peut vouloir dire que vous accédez à un niveau supérieur de conscience. Dans le rêve de Jacob, celui-ci grimpait jusqu'au ciel.

• L'escalade peut aussi indiquer que tout dans la vie est un défi constant. Détendez-vous et arrêtez-vous de temps en temps pour admirer le paysage.
• Essayez-vous de vous sortir d'un mauvais pas ?
• L'escalade peut avoir une connotation sexuelle et avoir un lien avec l'excitation.
• Redescendre une montagne signifie le contraire de l'escalader. Ce peut aussi être l'exploration de votre subconscient.

Est

• Le soleil se lève à l'est, signe du recommencement. Cela peut indiquer un nouvel éveil spirituel.

Étang

• Comme pour tout ce qui a trait à l'eau, un étang représente les émotions et l'intuition. Un étang calme et dont l'eau est claire suggère des émotions calmes et assumées, tandis que les eaux troubles indiquent des difficultés.
• Un étang est plus petit qu'un lac ou que l'océan : son sens est donc moins puissant.

Été

• L'été peut symboliser la réalisation de vous-même, la confiance en vous, le bonheur et l'épanouissement.

Étiquette

• Cela peut être un symbole d'organisation et de classement. Serait-il temps de faire le tri, de vous défaire de ce dont vous n'avez pas besoin et de ne conserver que le nécessaire ?
• Cela peut aussi signifier que vous étiquetez quelqu'un ou quelque chose, que vous le « cataloguez ». Élargissez vos horizons. Libérez-vous de votre vieille habitude de voir le monde à travers le prisme illusoire de la séparation. Changez votre attitude et dirigez-vous plutôt vers l'unité, la symbiose, la communion, la fraternité.
• Avez-vous l'impression d'être « étiqueté » ? Faites l'affirmation suivante : « Je suis un être unique et merveilleux. »

Étroit

• Vous sentez-vous limité ou contraint ? Essayez de prendre du recul, pour mieux voir la situation.
• Ce signe peut aussi signifier de vous concentrer et de développer la discipline nécessaire à l'atteinte de vos objectifs. Devriez-vous réduire vos options, afin d'optimiser les choix à venir ?

Examen

• Examen de conscience. Il est bon de faire périodiquement une sorte de bilan, en prenant note des problèmes et des modèles qui se répètent et en évaluant la direction que prend votre avenir. Ce signe vous indique peut-être que le moment est venu de faire un examen de conscience.
• Vous sentez-vous mis à l'épreuve ?
• Avez-vous l'impression de devoir prouver quelque chose aux autres ? Craignez-vous l'échec ? Vous sentez-vous évalué par une source extérieure ? Ayez confiance en vous. Vivez selon vos propres critères et jouissez de la paix d'esprit qui en découle.

Excréments

• C'est le signe que vous devriez éliminer des déchets de votre vie, comme la culpabilité, le ressentiment et la honte.
• Est-ce que quelque chose vous empoisonne à l'intérieur ?
• Est-ce que quelqu'un vous traite comme une ordure ?
• Cela peut aussi être le signe de quelque chose (en vous ou qui se reflète chez les autres) que vous désapprouvez ou méprisez.

Exil

• Un signe que vous vous sentez peut-être coupé des autres, d'une situation ou même de vous-même.

Explosion (Voir aussi Éruption)

• Crise personnelle, surtout dans le couple.

Extraterrestre

• Ce peut être le signe de la partie de soi que nous ignorons. Extraterrestre signifie généralement quelque chose de non familier et peut avoir une connotation d'ennemi. L'extraterrestre peut représenter la partie étrangère de notre personnalité. Quelque chose en vous vous semble-t-il venir d'ailleurs ? Il est important d'aimer tous les aspects de soi-même, y compris ceux qui ne nous ressemblent pas.
• L'extraterrestre peut symboliser une sagesse supérieure, les ovnis représentant alors des êtres de conscience supérieure. On peut aussi penser qu'ils représentent la peur, si on les associe aux enlèvements par des extraterrestres.

Face

• À quoi devez-vous faire face, dans la vie ? Serait-ce le temps de résoudre un problème ?
• Êtes-vous hypocrite (montrez-vous votre « vrai visage ») ? Quelqu'un est-il malhonnête envers vous ? Prenez les mesures pour éclaircir la situation, afin de vivre dans la franchise.

Facteur

• Un message vous parviendra bientôt.

Facture

• Ce signe peut avoir un rapport avec un karma à traverser. Devez-vous de l'argent à quelqu'un ? Planifiez le remboursement. Vous doit-on de l'argent ?

Faiblesse

• Vous êtes-vous imposé des limites qui vous empêchent d'avancer dans la vie ? Faites l'affirmation suivante : « Je possède la force d'avancer dans la vie. Je veux qu'il en soit ainsi. »

Falaise

• Le signe d'une falaise peut indiquer un gros changement dans votre vie. Il signifie de prendre des risques, sans aucune garantie ni certitude. Préparez-vous à faire un acte de foi. Ayez confiance que vous serez guidé.

Faucon

• Dans l'Égypte ancienne, le faucon représentait l'âme. Pour les Égyptiens, de même que pour d'autres cultures anciennes, il était un symbole de victoire, car le faucon fonce sur sa proie avec férocité et puissance. Ce signe vous suggère peut-être de faire preuve de vivacité dans la poursuite de vos objectifs ?
• Le faucon peut également vouloir dire de mettre les choses en perspective. Ainsi, vous pourrez les voir sous un nouvel angle.

Fausse couche

• Soyez vigilant, car des projets pourraient avorter ou ne pas se réaliser.
• Si vous avez subi une fausse couche ou un avortement dans le passé, ce signe pourrait ramener à la surface des émotions enfouies qui doivent être guéries et libérées.
• Si vous êtes enceinte, cela peut signifier de faire plus attention pendant quelque temps.

Fée

• Une fée peut signaler votre magie intérieure. Les fées sont aussi des esprits de la nature et peuvent vous indiquer de rechercher vos mystères intérieurs en vivant dans la nature.

Femelle

• L'énergie femelle est le principe féminin en nous tous. Elle symbolise la réceptivité et l'instinct maternel chez les femmes comme chez les hommes.

Fer

• Le moment serait-il venu de faire appel à votre volonté de fer ?
• Quelqu'un de votre entourage se montre-t-il inflexible et trop dur envers vous ?
• On dit : « Une main de fer dans un gant de velours ». Cela correspond-il à quelque chose qui vous ressemble ?

Feu

• Le feu signale votre formidable force vitale. Il peut indiquer la puissance, le pouvoir et l'énergie psychique. La « flamme » brûle en vous. Vous êtes prêt à aller plus loin.
• Depuis la nuit des temps, le feu est associé à l'initiation et au rituel de communication et d'énergie. Dans de nombreuses traditions, les initiés traversaient les flammes pour se purifier symboliquement, car le feu représentait l'état transcendant entre l'homme et l'âme. Les alchimistes en Europe parlaient du feu comme d'un « agent de transmutation », du fait qu'ils croyaient que toutes les choses émergent du feu et y retournent.
• Le feu peut représenter la passion sexuelle, comme lorsqu'on s'embrase ou qu'on « brûle de désir » pour quelqu'un.
• Le feu de la colère (une colère extrême), des mots enflammés (un désir ardent).

Feuilles

• Les feuilles sont un signe de croissance, d'abondance et d'accomplissement, surtout si elles sont d'un vert éclatant et pleines de vie. Des feuilles qui jaunissent ou tombées sont le signe d'une étape terminée, de lâcher-prise, de libération.

Filet

• Ce signe peut symboliser le sentiment d'être pris dans les filets de votre propre perception. Prenez le temps d'apaiser votre esprit et de permettre à toutes les autres réalités de se manifester, afin que vous puissiez choisir celle qui correspond mieux à la personne que vous êtes réellement.
• Un filet de pêche ou un filet à papillons peut vous indiquer d'attraper les choses dont vous avez besoin ou que vous désirez dans la vie.
• Avez-vous besoin d'un filet de sécurité parce que vous prenez trop de risques ?

Fille

• La fille peut signaler l'enfant féminin en vous.
• Ce signe peut avoir trait à votre propre fille. Remarquez les signes qui l'accompagnent.

Films

• Êtes-vous en train d'observer votre vie plutôt que de la vivre ? Prenez les mesures nécessaires dès aujourd'hui. Vivez pleinement et passionnément, plutôt que de rester dans les coulisses.
• Vous sentez-vous coincé dans le drame de la vie ?
• Un film est une série de photos projetées sur un écran à une vitesse telle que cela crée l'illusion du mouvement et de la continuité. Serait-ce le moment de jeter un coup d'œil à ce qui se passe entre les séquences de votre vie et d'entrer dans le silence qui règne entre vos pensées ?

Fissure

• Une fissure signale une situation sur le point d'aboutir. Le poussin doit fendre sa coquille, pour pouvoir en sortir.
• Une fissure peut indiquer une situation solide en apparence mais trompeuse en réalité. Examinez votre vie, car certains aspects sont peut-être moins sûrs qu'ils n'en ont l'air.
• On dit parfois de quelqu'un qu'il a « craqué » psychologiquement, c'est-à-dire que ses nerfs ont lâché. Avez-vous l'impression que vous allez bientôt « craquer » ?
• Cela peut indiquer un penchant pour quelqu'un. On dit : « Il me fait craquer. »

Flamme (Voir aussi Feu)

• Cela peut être le signe de votre propre flamme éternelle et de la lumière de l'âme.

Flèche

• Une flèche est le signe d'une orientation précise dans la vie.

Fleurs

• Les fleurs sont généralement un présage heureux de beauté et d'épanouissement. Chaque fleur a son sens particulier. Par exemple, la rose symbolise l'amour, tandis que la marguerite peut être un signe de fraîcheur et d'innocence.
• Parfois, les fleurs peuvent signifier des funérailles.

Fleuve

• Le fleuve possède de nombreux sens très puissants. Signe du temps qui passe et de la vie qui suit son cours. C'est toujours un signe de mouvement, de rythme et de changement. Suivez le courant, c'est-à-dire ne vous encombrez pas de tant d'efforts. Ne nagez pas à contre-courant. Laissez-vous porter.
• Un fleuve ou une rivière peut aussi représenter une barrière émotive que vous avez du mal à traverser. Trouvez un autre chemin ou changez votre attitude, pour résoudre vos difficultés.

Flotter

• Flotter peut avoir plusieurs sens apparemment opposés. Examinez vos émotions, pour déceler lequel s'applique à vous.
• Flotter peut être un signe de libération, une invitation à lâcher prise en rapport avec des problèmes et des contraintes.
• Flotter émotionnellement au-dessus d'une situation peut représenter une façon de vous en évader. Les gens disent parfois qu'ils ont l'impression de flotter, lorsqu'ils vivent une situation traumatisante.
• Flotter peut signifier que vous êtes en harmonie avec votre intuition et vos émotions. Vous vivez un alignement spirituel et vous êtes sur le point de faire un avec toutes choses.
• Flotter dans l'eau peut vouloir dire de laisser vos émotions faire surface. Flotter dans les airs peut signaler que vous êtes au-dessus de tout.
• Flotter indique également que vous vous sentez peut-être désorienté, que vous ne savez pas où vous allez. Reprenez pied. Évaluez vos objectifs et faites le nécessaire.

Inondation (Voir aussi *Eau*)

• Une inondation peut être le signe que les émotions vous bouleversent. Prenez le temps de vous « mettre au sec », afin d'avoir le recul nécessaire pour faire la part des choses. Établissez les priorités et procédez une étape à la fois.

Foie

• Presque toujours un signe de colère, car le foie en représente le siège. Faites l'affirmation suivante : « Je me sens profondément en paix et je m'accepte tel que je suis, inconditionnellement. »

• Cela peut vous indiquer de prêter attention à la santé de votre foie.

Fondre (Voir aussi Eau)

• Êtes-vous en train de dissoudre les barrières entre vous et les autres, ou entre vous-même et d'autres parties de votre être ?
• Êtes-vous en train de modeler de vieilles structures afin de créer de nouvelles approches de compréhension ?
• Ce signe peut annoncer un changement intérieur radical qui passera par l'abandon de votre forme et de votre structure personnelle actuelle.
• De la glace qui fond peut correspondre à des émotions refoulées qui sont libérées pour ainsi laisser place à l'amour, à l'estime de soi et au pardon.
• Le métal fondu par le feu peut symboliser la forme transformée en esprit.

Fontaine

• Voici un excellent symbole de l'intuition, des émotions exprimées et de la régénération spirituelle, si l'eau de la fontaine est claire comme du cristal. Elle représente votre source spirituelle.
• Une fontaine peut être un signe de jeunesse (la fontaine de jouvence).

Forêt

• La forêt tient un rôle important dans les mythes, les légendes et les contes. Elle est souvent rattachée au principe féminin et à la mère.
• La forêt peut être un signe d'abondance, de croissance et de force, car la végétation y pousse facilement toute seule.
• La forêt peut être perçue comme un refuge procurant protection et sécurité. Ressentez-vous le besoin de vous réfugier quelque part, présentement ? Prenez le temps de vous retirer en vous-même, afin de réévaluer qui vous êtes et où vous en êtes dans la vie.
• Vous sentez-vous dépassé par les événements ? Le monde vous apparaît-il comme une forêt inextricable où il est impossible d'avancer ? Prenez du recul ou adoptez un nouvel angle. C'est souvent utile pour voir les choses plus clairement.

Foudre

• Le symbole très puissant d'un grand pouvoir et d'une belle éclaircie à l'horizon. Dans la tradition autochtone, la foudre représentait le père ciel pénétrant la mère Terre. Cela peut être un signe très puissant de vitesse, de force et d'éveil de votre force vitale.

Foule

• La foule procure l'anonymat et même le secret, le mystère. Souhaitez-vous garder une partie de vous secrète ?
• On perçoit souvent la foule comme étant composée d'étrangers. Vous sentez-vous étranger à votre propre vie ?
• Prenez le temps d'identifier la perception que vous croyez que la foule a de vous. C'est habituellement une bonne indication de l'opinion de votre subconscient sur vous-même.
• Parfois, la foule peut traduire le sentiment de faire partie de quelque chose ou d'une cause qui vous dépasse.

Four

• Une idée ou un projet mijote.

Fourche

• Si les signes vous indiquent souvent des fourches, cela pourrait indiquer que vous êtes arrivé à un carrefour de votre vie et devez faire un choix. La décision vous appartient.

Fourmi

• Universellement, les fourmis ont la réputation d'être laborieuses, efficaces et très actives. Elles transportent des poids plus lourds qu'elles. Devriez-vous travailler davantage ?
• Les fourmis symbolisent aussi le travail communautaire et le bien collectif, parfois au détriment de l'individu. Avez-vous l'impression de perdre votre individualité au profit de la collectivité ?

Frère

• Ce signe vous concerne, ainsi que votre frère, ou symbolise la fraternité universelle. Si vous étiez enfant unique, avant la naissance de votre frère (ou sœur), vous associez peut-être inconsciemment la notion de *frère* à l'usurpation de votre statut au sein de la famille. Vous associez peut-être de la jalousie au mot *frère*, et cela, depuis l'enfance. Si vous avez un frère aîné, était-il protecteur, ou essayait-il plutôt de vous dominer ou de vous ignorer ? Quelles que soient vos perceptions ou les associations que vous faites relativement au concept de *frère*, elles sont intimement liées.

• Dans un monastère, les moines s'appellent des frères. Par conséquent, le frère peut représenter l'aspect religieux masculin du soi, ou alors un lien entre les hommes, la fraternité.

Froid

• Le froid peut signifier que vous fermez votre cœur aux sentiments et que vous vous repliez sur vous-même. Le cas échéant, choisissez des activités qui vous sont agréables, douces et réconfortantes.

Fruit

• Cela peut être le signe de récolter le fruit de votre labeur ou d'une récolte fructueuse. Si le fruit est beau, vos projets porteront fruit.

Fuir

• Ce signe peut avoir deux sens opposés en apparence. Prenez note de votre réaction émotive, afin de comprendre ce qu'il signifie pour vous.
• Cessez de fuir la situation. Faites face au problème et affrontez-le.
• En revanche, la fuite est parfois libératrice. Si vous avez essayé toutes les possibilités pour résoudre le problème, fuir est parfois la seule solution. Cessez de vous acharner. Toutefois, plutôt que de fuir la situation, changez votre vision des choses, de manière à avoir le sentiment d'aller vers du nouveau et non pas de fuir ce que vous craignez.

Fusil

• Cela peut symboliser un besoin de protection ou d'autodéfense.
• Les thérapeutes traditionnels associent le fusil à un symbole sexuel représentant le pénis.

Galaxie (Voir aussi Étoiles)

• C'est le signe de la partie expansive de vous-même. Partez à la quête

Gants

• Les gants protègent des éléments ainsi que du contact des autres. Vous isolez-vous trop des autres ? Devriez-vous vous protéger davantage, pour des raisons de santé et de sécurité ?
• Devez-vous « mettre des gants blancs » pour vous adresser à quelqu'un ?

Garçon

• Le petit garçon représente l'enfant masculin en chacun de nous. Chez un homme, il peut représenter sa propre enfance.

Gâteau

• Célébrez la douceur de la vie ! Quand vous avez accompli quelque chose, il est important de fêter.
• Voilà peut-être le signe d'une occasion qui se présentera prochainement. Vous obtiendrez votre « part du gâteau ».

Gauche

• Le côté gauche symbolise généralement les forces réceptrices de l'Univers, tandis que le côté droit représente celles qui se projettent, surtout si vous êtes droitier. Devriez-vous être plus réceptif et vous montrer plus ouvert ?
• Agissez-vous maladroitement dans une situation ?

Gelée de fruits *(Voir Confitures)*

Genoux

• Les genoux peuvent représenter la peur, car ils tremblent, quand nous nous trouvons en situation inquiétante. Faites l'affirmation suivante : « J'ai le courage d'avancer dans la vie avec grâce et sans inquiétude. »
• Cela peut aussi être un symbole d'inflexibilité, de refus de céder.
• Ce symbole peut signifier que vous êtes intimidé par quelque chose ou que vous vénérez quelqu'un. Ou alors serait-ce le moment de vous prosterner devant le divin ?

Germe

• Le germe est la forme la plus primitive d'un organisme, qu'il s'agisse d'une graine, d'un bourgeon ou d'une spore. Cela peut aussi être le début d'une idée ou un épanouissement à venir. Sentez-vous le germe d'une idée prendre forme ?
• Cela peut vouloir dire de renforcer votre système immunitaire.

Geyser (Voir aussi Eau)

• Voilà le signe d'une grande libération d'énergie émotive.

Girafe

• Cela peut signifier de faire les efforts nécessaires pour atteindre vos objectifs.
• Souhaitez-vous qu'on vous distingue parmi la foule ? Ou avez-vous l'impression de ne pas être à la place qui vous convient ? Acceptez qui vous êtes et vos qualités personnelles.

Glace (Voir aussi Eau)

• La glace peut être le signe d'émotions paralysées. Exprimez-les, exprimez-vous. Ouvrez votre cœur librement.
• Marcher sur de la glace mince signale un doute. Y a-t-il un aspect de votre vie qui semble solide, mais qui se révélerait précaire ?
• Glisser sur de la glace indique des circonstances instables où vous n'êtes pas sûr de vous.
• Des glaçons qui fondent peuvent vouloir dire que toutes les émotions refoulées commencent à se libérer. L'énergie circulera mieux dans votre vie.

Glacier (Voir aussi Eau)

• Cela peut être le signe d'émotions gelées.

Gland

• Petit poisson deviendra grand. Voilà un signe positif relatif au potentiel personnel. Devriez-vous cultiver une qualité susceptible de vous donner la force, la puissance et la solidité du chêne ?

Glisser

• Avez-vous perdu le contrôle ? Vous glissez et vous avez peur, ou vous vous amusez : à vous de choisir. Lâchez prise, et voyez où cela vous mène.

Gouffre

• Ce signe peut symboliser un abîme infranchissable dans votre vie. Quelque chose vous semble-t-il insurmontable ?
• Il y a peut-être un danger imminent, intérieur ou extérieur. Si le gouffre vous semble sombre ou menaçant, il peut représenter quelque chose provenant des profondeurs de votre subconscient, une expérience douloureuse, par exemple. Pour vous libérer de vos peurs et des mauvaises expériences passées, vous devez y faire face.
• Un gouffre peut aussi être le signe de la mort de l'ego. Il y a des moments dans la vie où on doit laisser le vieil ego se dissoudre pour évoluer vers un plus haut niveau de conscience. La mort est toujours suivie d'une renaissance.

Gourou

• Le gourou est là pour vous guider. Il peut vous servir de maître à penser.

Grain

• Le grain est source de vie et renferme à lui seul le potentiel de toute une récolte.
• Il peut aussi être un signe d'abondance. Les graminées récoltées deviennent des céréales, lesquelles constituent un aliment vital puisqu'elles servent à fabriquer le pain.
• Le grain peut aussi être une infime quantité de la plus petite quantité possible. Il pourrait signifier que le moment est venu de réduire vos besoins à leur plus simple expression.
• Le grain signale également la direction, le motif, comme dans le grain du bois. Êtes-vous dans la bonne direction, ou à contre-courant ?
• Y a-t-il une situation dans votre vie que vous devriez prendre avec un grain de sel ?

Grand-mère

• La grand-mère est le signe d'une vieille femme sage et s'applique à l'aspect mature de votre personnalité.
• Pour les Amérindiens, grand-mère la Terre était le surnom affectueux donné à la terre, vivante et consciente.
• Ce signe peut avoir trait à votre grand-mère ou à vos aptitudes de grand-mère.

Grand-père

• Le grand-père est le signe d'un vieil homme sage. Il peut s'agir de votre côté mature.
• Pour les Amérindiens, le grand-père était un nom honorifique donné au soleil et aux êtres de l'au-delà.
• Ce signe peut avoir trait à votre grand-père ou à vos aptitudes de grand-père.

Gras

• Ce signe peut indiquer l'abondance. Vivre grassement, tuer le veau gras.
• Gras peut aussi être un signe d'inactivité, de suralimentation ou du refoulement des émotions et des sentiments. Pour en comprendre le sens, observez votre réaction. Le sens qui suscite le plus de réactions est sans doute celui qui correspond le mieux à ce que vous êtes.

Grenier

• La maison peut symboliser différents niveaux de conscience. Le sous-sol représente votre moi fondamental et le grenier peut correspondre à de grands idéaux ou de hauts niveaux de conscience.
• Le grenier peut signaler des histoires touchant votre passé personnel ou familial que vous avez mises de côté sans vraiment les régler. C'est peut-être le moment de trier ces vieilles choses afin de déterminer ce qui a encore de la valeur pour vous et ce dont vous pourriez vous débarrasser.

Grenouille

• Cela peut être le signe de l'immobilité, de la patience et de la concentration. La grenouille reste parfaitement immobile et attend patiem-

ment la mouche. Dès qu'elle en aperçoit une, elle l'attrape aussitôt avec rapidité et précision.
• Des rites anciens associent la grenouille à la lune et l'utilisent aussi pour invoquer la pluie. En Égypte, les grenouilles qui longeaient le Nil quelques jours avant que le fleuve ne déborde étaient considérées comme des symboles de fertilité. Des dieux en forme de grenouille étaient placés sur les momies. Madame Blavatsky, une philosophe mystique, a dit que la grenouille symbolisait la création et la résurrection, parce qu'elle vit à la fois dans l'eau et sur la terre et parce qu'elle disparaît à l'automne pour revenir au printemps.
• Elle peut aussi représenter l'incohérence, du fait qu'elle saute d'un endroit à l'autre.
• Dans certaines cultures, elle est un signe de purification. Les chamans mayas et aztèques arrosaient d'eau avec leur bouche les malades tout en imaginant l'énergie de la grenouille.
• Le signe de la grenouille peut refléter votre désir de trouver le prince charmant, en référence à la princesse qui embrassait une grenouille, qui se transformait en prince. Cela peut être un signe de transformation, de découverte de la beauté sous la laideur apparente.

Grillon

• Le chant des grillons à la tombée du soir suscite souvent un sentiment de joie paisible. Ce peut être un signe très réconfortant.
• Dans certaines cultures, le grillon symbolise la longévité et le bonheur.

Gris

• Le gris est habituellement le signe que vous vous sentez fatigué, sans énergie, et que vous avez l'esprit confus. C'est peut-être le moment de participer à des activités revigorantes ?
• Le gris est aussi la couleur de la neutralité. Devriez-vous rester neutre ou vous montrer plus objectif dans vos remarques ? Y a-t-il trop longtemps que vous ne vous prononcez pas ? Le moment serait-il venu de prendre position ?

Gros intestin

• Le gros intestin permet d'éliminer les toxines. Le moment est venu de libérer tout ce qui n'est plus nécessaire. Faites-le dès maintenant !

• Cela peut être le signe de surveiller la santé de votre côlon.
• Assimilez-vous efficacement les aliments et les renseignements ?

Grotte

• Un puissant symbole de l'inconscient. On peut imaginer qu'une grotte représente la porte du subconscient, donnant accès au royaume intérieur, au soi primordial qui renferme les grands mystères de l'être humain. La sagesse ancienne s'y trouve.
• Les ermites et les ascètes vont méditer dans les grottes. C'est un lieu de retraite spirituelle, de renouveau et de renaissance. Ce signe vous indique peut-être de vous isoler en vous-même afin de trouver la sagesse et la lumière ?
• Dans la mythologie, des dragons gardaient le trésor de la grotte. Celle-ci peut représenter votre grande richesse spirituelle.
• Les légendes sont remplies d'histoires relatant le pouvoir des grottes. Elles étaient le domicile des oracles et des grands sages. Une grotte de cristal représente souvent un puissant niveau d'illumination dans les profondeurs du subconscient. Retirez-vous dans votre magie intérieure.
• Une grotte peut symboliser la sécurité du ventre maternel, puisqu'elle forme un trou réel dans la terre. Elle peut représenter un lieu de conception et de renaissance. Le moment est venu de réfléchir à votre orientation dans la vie.
• Une grotte peut aussi représenter un refuge, à l'écart des difficultés de la vie. C'est parfois le symbole de souvenirs douloureux refoulés qui refont surface. Vous devez alors vous transformer en dragon valeureux et mettre vos peurs au grand jour. Faites-vous confiance et croyez dans le processus qu'on vous indique de suivre.

Guérir / Guérisseur

• Vous êtes en train de guérir. Accédez à l'énergie de guérison qui se trouve en vous.
• Serait-ce le moment de consulter un guérisseur ?

Hache

• La hache indique un pouvoir exercé avec détermination. Serait-ce le temps de prendre une situation en main ?

• Elle peut aussi indiquer la peur de perdre quelque chose. Votre poste est-il sur le point d'être coupé ? Courez-vous le risque de perdre quelque chose d'important à vos yeux ? Prenez les mesures nécessaires pour l'éviter ou préparez-vous à faire face.
• Une hache peut signaler de vous débarrasser de quelque chose d'inutile. On coupe les vieux arbres pour favoriser les jeunes pousses. Y a-t-il quelque chose d'encombrant, dans votre vie ?
• Parfois, la hache représente celle du bourreau, un puissant symbole de jugement. Vous sentez-vous angoissé ou coupable de quelque chose ?

Haine

• Si vous éprouvez de la haine contre tout le monde, faites un petit examen de conscience, pour savoir ce que vous détestez en vous. La haine est presque toujours du dégoût de soi projeté sur autrui. La personne ou la chose que vous croyez haïr représente la part de vous-même qui vous déplaît. Il est souvent difficile d'admettre la haine de soi-même, et c'est pourquoi on la projette sur les autres, qui y donnent ensuite écho. Si la haine vous entoure, il est essentiel de faire un sérieux examen de conscience.

Hanches

• Cela peut être un signe de soutien et de pouvoir.
• Si les hanches sont paralysées ou cassées, demandez-vous si vous craignez d'avancer.
• Les hanches permettent de se déplacer. Avez-vous un sentiment de mobilité ou d'immobilité dans votre vie ?

Hibou

• Un signe très puissant, car le hibou est un grand symbole de transformation. Si ce signe vous apparaît, il est possible qu'il annonce une transformation dans votre vie.
La plupart des cultures ayant des origines ésotériques considèrent le hibou comme un signe à vénérer (et parfois à craindre). Le hibou faisait peur parce qu'il représentait l'obscurité et l'inconnu. Depuis la nuit des temps, l'humanité craint les ténèbres, et le hibou a toujours été associé aux dimensions sombres et inconnues. Un vieil aborigène d'Australie

m'a expliqué que les hommes avaient peur du hibou parce qu'il était un totem de femme et qu'il représentait les profondeurs de l'inconnu. On croyait que le hibou était associé à la mort aussi bien qu'à la renaissance. Certaines tribus amérindiennes croyaient que le hibou abritait les âmes des morts. Dans les hiéroglyphes égyptiens, le hibou symbolisait la mort, la nuit, le froid et la passivité. Lorsqu'un aspect de vous meurt, c'est une occasion de croissance dans un autre champ de votre vie. C'est une loi universelle. Le hibou représente la mort et la renaissance dans votre propre vie.
Le hibou est également le symbole de la sagesse ancienne provenant des royaumes intérieurs. Des ténèbres émergent les rêves, les visions et les pensées mystiques. Athéna, la déesse grecque de la sagesse, était décrite comme ayant sur l'épaule un hibou qui lui révélait ses vérités intérieures. Merlin, le vieux magicien celtique qui a aidé le légendaire roi Arthur, se servait d'un hibou pour entrer dans des dimensions invisibles. Le hibou peut voir dans la nuit ce que les autres ne voient pas. Si ce signe vous apparaît, vous avez reçu le don de voir et de percevoir la vérité. Vous allez acquérir l'aptitude de voir clairement ce qui paraît sombre. Vous serez perspicace, et les transformations autour de vous seront profondes.

Hippopotame

• Dans l'Égypte ancienne, l'hippopotame représentait le principe maternel sous la forme de la déesse Taueret, qui assistait à toutes les naissances. Dans la nature, l'hippopotame accouche dans l'eau en faisant attention de choisir un lieu sûr où les courants dangereux ne peuvent pas emporter le nouveau-né. L'hippopotame peut être le signe qu'il vous faut comprendre et accepter votre propre naissance. Parfois, les problèmes de la vie adulte proviennent d'une naissance difficile. Si l'hippopotame se présente souvent en signe, envisagez de prendre le temps de réexaminer les circonstances de votre naissance, afin de soigner et d'accepter de vieux souvenirs ou traumatismes.
• L'hippopotame peut être le signe de quelque chose de très lourd et d'envahissant.

Hôpital

• Il serait bon d'envisager de faire un bilan de santé. Prenez-vous soin de votre corps ? Devriez-vous prendre des mesures pour améliorer votre santé ?

Huile

• L'huile représente le lubrifiant qui permet d'atténuer les difficultés (mettre de l'huile dans l'engrenage). Parfois, il suffit d'un peu de politesse ou de négociation, pour régler des malentendus.
• Oindre d'huile représente une bénédiction. Cela peut signifier que vous êtes béni.
• Graisser la patte à quelqu'un signifie lui offrir un pot-de-vin ou un pourboire. Tentez-vous de corrompre quelqu'un, ou essaie-t-on de vous corrompre ?

Huit (Voir aussi Chiffres)

• En raison de sa forme, ce chiffre a été associé au caducée, une baguette sur laquelle s'enlacent deux serpents, le signe du guérisseur. Pour la même raison, il symbolise également l'ADN et la nature spiralée des cieux. En numérologie de Pythagore, le huit est le chiffre du royaume matériel et peut signifier l'infini, le pouvoir du soi, l'abondance, la conscience cosmique, la récompense, l'autorité et le leadership. En Chine, le chiffre huit est associé à la richesse, car il rime avec le mot chinois correspondant à l'argent. Ce chiffre peut vouloir dire qu'avec de l'organisation, de la discipline et du travail, vous pouvez réussir matériellement.

Huître

• Se fermer comme une huître signifie se taire ou peut indiquer un manque de communication. Si vous avez du mal à exprimer vos pensées, créez des situations propices pour vous sentir à l'aise de le faire.
• Êtes-vous préoccupé par un secret à garder ?
• Ce signe peut indiquer la beauté cachée ou invisible, comme la perle qui se forme dans l'huître.
• Une perle se forme lorsqu'un grain de sable pénètre dans la coquille et que l'huître enrobe peu à peu le grain de carbonate de calcium afin

de se protéger des côtés abrasifs du sable. Ce signe peut vouloir dire que même les petits irritants de la vie sont susceptibles de se transformer en beauté.
• L'huître peut aussi être un symbole sexuel représentant le vagin.

Hyène

• C'est un signe de bruit et d'hilarité disproportionnée ou peut-être inopportune. Est-ce que quelqu'un ou vous-même agissez comme une hyène ?
• Dans la nature, les hyènes sont féroces et utilisent leurs très puissantes mâchoires. Le moment est-il venu de mettre votre pouvoir à l'œuvre et de vous affirmer davantage ?

Iceberg (Voir aussi Eau)

• La pointe d'un iceberg peut signifier que vos émotions refoulées refont surface.

Île

• Cela peut être le signe que vous vous isolez des autres ou signalez votre indépendance. Personne ne peut se suffire à lui-même. Devriez-vous faire appel aux autres plus souvent pour demander conseil et aide ?
• Une île peut être un refuge ou un sanctuaire. Serait-ce le moment de prendre le temps de vous isoler afin de faire le point dans votre vie ?

Impuissance

• Cela peut être un signe d'insécurité et de peur. Faites l'affirmation suivante : « Je suis fort, positif et en bonne santé. J'aime et j'accepte qui je suis. »
• Vous sentez-vous impuissant face à une situation ? (Cela s'applique aux femmes aussi bien qu'aux hommes.) Quelqu'un vous donne-t-il l'impression que vous êtes impuissant ? Détendez-vous et acceptez-vous tel que vous êtes. Nous sommes faits pour aimer la vie. Entrez en vous-même et découvrez votre pouvoir intérieur.
• Ce signe peut indiquer la dérive vers une situation susceptible d'être dangereuse.

Inceste

• Cela peut être le signe d'assimiler des parties de vous-même. Par exemple, réunir l'enfant et l'adulte, ou le masculin et le féminin.
• Quelqu'un commet-il l'inceste, dans votre entourage ?
• Cela peut être le signe d'un souvenir douloureux de l'enfance qui refait surface. Si ce signe continue de vous apparaître, envisagez d'aller en thérapie pour explorer votre enfance.

Indien

• Les Indiens d'Amérique entretenaient un lien profond avec la nature. Devriez-vous y passer plus de temps ? Une partie essentielle de vous-même resterait-elle encore à découvrir ?
• Ce signe peut aussi avoir trait aux Indiens de l'Inde. Quelqu'un de votre entourage est-il originaire de ce pays ? Ce signe pourrait concerner cette personne.

Indigestion

• Y a-t-il quelque chose que vous n'arrivez pas à digérer ou à assimiler ?

Infirmière

• Cela est habituellement un signe de guérison, de soin, de réconfort.

Initiation

• L'initiation est une mort symbolique et une renaissance. S'éveiller spirituellement et accéder à un niveau supérieur de conscience. Un signe de croissance spirituelle.

Insecte

• Ce signe dépend de la sorte d'insecte. L'asticot peut signifier la pourriture. Le papillon, la transformation. Les mouches représentent de petits ennuis. Les fourmis, le dur labeur.

Instruments de musique

• Ce symbolisme dépend de l'instrument. Le piano peut représenter les clés de la vie. La flûte peut avoir trait à la nature, à la liberté ou à la pureté enfantine en vous. Les tambours peuvent correspondre aux instincts primitifs ou fondamentaux, vous indiquer de suivre le rythme ou d'emprunter une voie différente. La harpe peut suggérer la communion céleste et les anges. L'harmonica représente un ménestrel, symbolisant du bon temps avec ses amis, l'amusement et la joie. La cornemuse a trait à la camaraderie culturelle. Le sitar peut symboliser la culture orientale, le mysticisme et la paix intérieure.

Invalidité

• Vous sentez-vous paralysé, non productif ou mis à l'écart dans un aspect de votre vie ?
• Quel que soit votre état physique, vous avez de la valeur et vous êtes important. Votre valeur ne dépend pas de ce que vous possédez, mais plutôt de ce que vous êtes.

Jalousie

• C'est un signe d'exclusion. Dites-vous que vous êtes parfait et entier tel que vous êtes. Vous n'avez rien à prouver à qui que ce soit. Votre présence suffit, présentement.

Jambe

• Les jambes représentent vos assises. Des jambes qui flageolent peuvent signifier que vous manquez de solidité ou que vous n'êtes pas centré. Des jambes solides peuvent suggérer que vous êtes bien soutenu. Avez-vous l'impression d'avoir du mal à vous tenir debout face à quelqu'un ou à une situation ?
• Avez-vous la volonté d'avancer dans la vie ?

Jardin

• Un jardin peut être un signe de beauté et de paix, ainsi que d'une activité créatrice. Différents aspects de vous-même sont représentés parmi la variété de plantes.
• Cela peut être le signe des aspects de votre personnalité que vous cultivez.
• Si le jardin est bien entretenu, c'est le signe de récolter le résultat de vos efforts.

• S'il y a des mauvaises herbes, cela indique de vous débarrasser de certaines choses.

Jésus (Voir aussi Christ)

• Voici un puissant signe de la lumière du Christ en vous.
• Cela peut aussi être le signe que vous vous sacrifiez pour le bien des autres.

Jeu

• Les enfants qui jouent symbolisent la joie et la spontanéité. Le jeu tient-il suffisamment de place dans votre vie ?

Jogging

• Le jogging réfère au mouvement et à l'amélioration de soi. Devriez-vous en faire pour votre bien-être ? Avez-vous l'impression de courir sur place sans aller nulle part ?

Jongleur

• Essayez-vous de jongler avec plusieurs situations à la fois ? Si le jongleur peut y arriver, vous aussi. Si le jongleur ne maîtrise pas bien ses balles, envisagez d'éliminer certaines choses de votre vie ou prenez le temps d'évaluer ce qui compte vraiment pour vous.

Jonquille

• La jonquille annonce le printemps, le renouveau. Ce peut être le signe d'un potentiel qui émerge, d'une vie nouvelle.

Judas

• Cela peut être un signe de trahison, habituellement envers soi-même. Êtes-vous malhonnête envers vous-même ? Une personne de votre entourage vous trahit-elle ?

Juge

• Ce signe indique habituellement le jugement que l'on porte sur soi. Tous les jugements prennent racine dans le jugement de soi. Même lorsque vous portez un jugement sur quelqu'un, vérifiez s'il ne s'agit

pas de vous-même ou du reflet de votre propre moralité. Vous jugez-vous trop sévèrement ?
• Il est important de se rappeler que même les expériences que vous avez jugées mauvaises étaient nécessaires dans votre cheminement, pour vous amener là où vous êtes maintenant. Elles étaient importantes pour votre croissance et l'évolution de votre âme. En regardant les choses sous cet angle, vous serez en mesure de libérer votre sentiment de culpabilité.
• Cela peut aussi être un signe provenant de votre moi supérieur (votre juge intérieur), qui souhaite vous transmettre des renseignements.

Jungle

• Il s'agit de l'instinct sauvage en vous. Laissez-le s'exprimer !

Jury

• Généralement un signe d'autocritique. Prenez note du jugement du jury. Le plus souvent, il s'agit de celui que vous portez sur vous-même. N'oubliez pas que les gestes posés antérieurement étaient nécessaires et que vous deviez être ce que vous avez été, pour devenir ce que vous êtes aujourd'hui. Il était prévu que vous arriviez là où vous êtes présentement. Votre vie suit le cours parfaitement normal de son évolution.

Jus

• Le jus est extrait des fruits et procure de l'énergie. En avez-vous besoin, en ce moment ?
• Familièrement, on dit : « être dans le jus », quand tout se bouscule. En avez-vous trop sur les bras ?

Kangourou

• Cela annonce de grands bonds en avant. Êtes-vous prêt ?
• Le kangourou représente la mobilité.

Kidnapping

• Ce signe peut indiquer que vous ne maîtrisez pas une situation ou que vous vous sentez victime de quelque chose. Est-ce le cas ? Faites-

vous de l'autosabotage ? Rappelez-vous qu'il n'y a pas de victimes, seulement des personnes consentantes. Faites l'affirmation suivante : « Je maîtrise ma vie et je choisis ma propre voie. »
• Si un enfant est kidnappé, cela peut signifier que vous êtes en train de perdre les qualités de l'enfant en vous.

Laboratoire

• Voilà le signe que vous pouvez trouver des solutions grâce à l'expérience.

Labyrinthe

• Circuler dans des passages où l'on ne s'y retrouve pas peut correspondre à une impression qu'il n'y a pas d'issue. Dans un tel cas, il faut vous arrêter et apaiser votre esprit. Branchez-vous sur votre intuition, et la voie à suivre vous apparaîtra.

Lac

• Prenez note de la nature du lac, car l'eau représente les émotions. Un lac calme symbolise l'intuition, une profonde sagesse intérieure et l'équilibre émotif. Si la surface de l'eau n'est pas lisse, cela signale la tourmente. Un lac dont l'eau est embrouillée peut indiquer des émotions qui stagnent.
• Pour les anciens Égyptiens, le lac représentait les royaumes occultes et mystérieux. À certains moments de l'année, les prêtres traversaient le lac, en procession. Selon le symbolisme celtique, la terre de la Mort se situait au fond du lac. L'eau peut symboliser votre subconscient et les lieux inconnus de vous-même. Prenez le temps d'apaiser votre esprit, afin de les explorer.

Lâche

• Craignez-vous d'affronter quelque chose ? Vous devez vaincre vos peurs et foncer quand même. Il faut davantage d'énergie pour éviter ce que l'on craint que pour y faire face.

Lait

• Le lait correspond à la subsistance alimentaire donnée par la mère. Si le lait est frais, le signe peut avoir trait à la bonté. Le lait suri peut représenter une personne ou une situation qui a mal tourné. Prenez le temps de vous dorloter.

Lampe / Lanterne (Voir aussi Lumière)

• La lampe est le signe de votre lumière intérieure. Laissez-la briller de tous ses feux !

Lancement

• Voilà le signe d'un nouveau projet. Prenez note des signes parallèles, pour savoir si ce sera une réussite ou un échec.

Lapin

• Comme le lapin est très prolifique, il symbolise parfois la prospérité. En combinaison avec les œufs, il est utilisé à Pâques comme symbole de fertilité et d'abondance, en raison de sa capacité de produire un grand nombre de rejetons.
• Le lapin est souvent associé à la témérité et à la peur. Une personne de votre entourage ou une situation vous inspire-t-elle de la crainte ? Ce qui vous fait peur est souvent ce que vous créez dans votre vie. Il est donc important d'y faire face, plutôt que de fuir. Faites l'affirmation suivante : « Je possède les ressources dont j'ai besoin pour faire face à mes peurs. »
• Ce signe correspond également à la douceur. Avez-vous dépensé toute votre énergie pour les autres et la fatigue vous a maintenant rattrapé ? Il est peut-être temps de vous réfugier dans votre nid douillet afin de vous ressourcer ?
• Le lapin symbolise aussi celui qui va trop vite, un peu n'importe comment, qui saute d'une chose à l'autre sans réfléchir. Arrêtez-vous. Respirez et détendez-vous. Occupez-vous d'une chose à la fois. Établissez vos véritables objectifs et faites la liste des priorités. Choisissez ce qui est le plus important à vos yeux et concentrez-vous sur votre but. Faites l'affirmation suivante : « J'ai tout le temps nécessaire pour réaliser tous mes objectifs dans la vie. »

Laser

• Le moment est venu d'aiguiser votre conscience et de vous concentrer intensément. Cela vous procurera de grands bienfaits, plus tard.

Lave

• Un signe puissant de sentiment refoulé depuis longtemps, habituellement la colère. Prenez les mesures nécessaires pour la libérer de façon constructive.

Lentilles

• Concentrez-vous. Prenez le temps de bien vous orienter dans la vie.

Léopard

• Un signe puissant de prouesse, d'habileté et de finesse. Le léopard exprime également la férocité, la bravoure et le pouvoir. Faites appel aux qualités du léopard, pour réussir brillamment tout ce que vous entreprenez.

Lessive

• C'est le temps de mettre de l'ordre dans votre vie.
• Est-il vraiment opportun de faire part de vos états d'âme à tout le monde ? Parfois, il vaut mieux « laver son linge sale en famille ».
• Êtes-vous prêt à libérer le passé, les vieux comportements et les anciennes croyances, afin d'aller plus loin ? Le moment est venu de nettoyer l'ancien pour faire place au nouveau.

Lettre

• Des nouvelles vont vous parvenir bientôt. Surveillez le courrier ! Vérifiez les signes parallèles, pour savoir si les nouvelles seront bonnes ou mauvaises.
• Une lettre peut signifier aussi que quelqu'un communique indirectement avec vous.
• Dans presque toutes les anciennes cultures, chaque lettre de l'alphabet possède une importance mystique symbolique. Ce signe peut avoir trait aux lettres individuelles et aux significations qui y correspondent. Cela provient sans doute de l'ancienne tradition des pictogrammes ainsi que de la notion selon laquelle chaque composante d'une séquence linéaire a son sens. La science du symbolisme des lettres est importante et vaudrait la peine d'être approfondie, mais l'espace manque ici pour examiner chacune en particulier.

Lévrier

• Un signe de rapidité et de souplesse. Devriez-vous prendre très rapidement certaines mesures ?

Lézard

• Le lézard se tapit à l'ombre pour se protéger de la chaleur du jour. Il est par conséquent considéré comme le gardien du royaume des ombres et des rêves. Si ce signe vous apparaît, portez une attention particulière à vos rêves, car ils renfermeront des messages très importants.
• Ce signe peut aussi représenter votre inconscient et le côté sombre de vous-même. Identifiez vos peurs et vos préoccupations. Affrontez-les et mettez-les au grand jour.

Lièvre

• Dans la fable du lièvre et de la tortue, le lièvre perd la course parce qu'il est présomptueux. Est-ce votre cas ? Cela peut vous causer des ennuis. Il vaut mieux porter attention aux détails, prendre toutes les précautions et vérifier, avant de bondir.

Lion

• Le lion symbolise la noblesse, le pouvoir, la bravoure et le leadership, car le lion est le roi de la jungle. Le temps est véritablement venu de maîtriser votre vie en toute confiance.
• Jung pensait que le lion représente nos passions latentes. Serait-ce le moment d'explorer et de libérer vos passions afin de vivre pleinement et courageusement ?
• Cela peut aussi indiquer un test de courage. Dans certaines tribus africaines, le rite de passage à l'âge adulte comportait le fait de se mesurer à un lion. Il se peut que vous soyez mis à l'épreuve. Nourrissez votre force intérieure, et vous vaincrez.

Lis

• Le lis est un signe de transformation. Vie, mort, renaissance. Le lis blanc aux funérailles symbolise la vie après la mort. Si une part de vous-même semble mourir, ce signe vous indique d'avoir la foi. Une renaissance suivra.

Lit

• Le lit est un symbole évident ayant trait à la sexualité et à l'intimité.
• Le lit peut aussi signifier le rajeunissement, la détente, le réconfort, le confort, la sécurité et le ventre maternel. Avez-vous besoin d'un peu plus de repos, de solitude et de détente ?
• Le lit peut représenter le point de jonction entre votre conscient, votre subconscient et vos rêves. Prêtez attention à ceux-ci, car ils renferment d'importants messages.
• Le lit pourrait signaler que vous risquez de tomber malade si vous ne prenez pas de repos.
• Il peut correspondre à des souvenirs refoulés relatifs à des événements qui se sont produits au lit. Si vous éprouvez des sentiments négatifs à l'égard du lit, envisagez d'aller en thérapie afin de découvrir pourquoi.

Livres

• Ils peuvent correspondre à la sagesse et à la connaissance aussi bien qu'aux leçons de la vie.
• Voir un livre peut aussi symboliquement suggérer de vous « livrer » à quelqu'un, de vous confier.

Loques

• On utilise ce mot pour décrire des vêtements élimés ou même en lambeaux, et cela peut correspondre à un sentiment de pauvreté. Vous sentez-vous pauvre, sur le plan matériel ou spirituel ? Il subsiste toujours un aspect de votre vie où l'abondance règne. Vous êtes peut-être très riche en amitié, jouissez d'une excellente santé ou possédez des aptitudes particulières ? Concentrez-vous sur les aspects prospères de votre vie, et cela aura des effets bénéfiques sur le reste.

Lotus

• Cette fleur peut être le signe d'un éveil spirituel. Tout comme la fleur de lotus, vous émergez des ténèbres pour accueillir la lumière.

Lourd

• Qu'est-ce qui vous pèse ? Vous sentez-vous écrasé par le poids de la vie ?

Lumière

• La lumière est traditionnellement associée à l'âme ou à Dieu. Cela peut être le signe de la lumière spirituelle en vous.
• La lumière se trouve au bout du tunnel. Il y a de l'espoir.

Lune

• Le soleil et la lune sont les puissants symboles des deux forces opposées mais harmonieuses de l'Univers. Tandis que le soleil correspond à l'aspect extérieur, à la force mâle, chaude et lumineuse qui se projette dans le monde, la lune représente la quintessence de l'aspect réceptif, féminin, froid et sombre de l'Univers. Portez une attention particulière, lorsque la lune vous apparaît en signe, car elle vous indique de faire une incursion dans vos royaumes intérieurs. Écoutez vos rêves. Restez immobile, afin de recevoir les cadeaux que l'Univers vous destine. Il n'est pas nécessaire de faire autant d'efforts. Contentez-vous d'être vous-même.
• Les phases de la lune signalent différents états. La pleine lune correspond à l'unité et à la créativité provenant de l'intuition. Il faut suivre celle-ci. La nouvelle lune ou le croissant signale une période de profonde réflexion. C'est le moment d'écouter votre petite voix intérieure et la magie en vous.
• La lune incite au romantisme, à la poésie, et favorise l'inspiration.
• Depuis les temps les plus reculés, la lune est associée à la fertilité. Elle contrôle les marées, la germination des graines et les menstruations féminines. D'anciennes traditions croyaient même que la lune rendait les femmes enceintes.

Lutin

• Le lutin indique d'être plus espiègle. Prenez le temps d'exprimer davantage votre côté enfant. Amusez-vous. Jouissez de la vie et de votre magie intérieure.

Machine

• Agissez-vous machinalement, sans réfléchir ? Soyez plus spontané.

Machinerie

• Le symbolisme dépend de l'état de la machinerie. Êtes-vous en harmonie dans votre corps et avec la vie ?
• Vous sentez-vous déconnecté du processus organique de la vie ?
• Cela peut indiquer de faire attention et de vérifier les machines dont vous êtes responsable.

Mâchoires

• Cela peut avoir trait à la communication. Êtes-vous à l'aise de parler avec les gens ?
• Si les mâchoires sont serrées, vous avez peut-être besoin de communiquer davantage.
• Êtes-vous furieux contre quelqu'un ?

Magicien

• Magie signifie pouvoir. Le magicien symbolise le canal reliant les royaumes intérieurs aux royaumes extérieurs. Dans le tarot, le magicien signifie la réalisation de ses aspirations au moyen des ressources intérieures. Cette carte est l'une des plus puissantes du jeu et symbolise la transformation et la manifestation. Vos rêves peuvent devenir réalité.
• Le prestidigitateur pratique des tours de magie en créant l'illusion de ce qui n'est pas réel. Quelque chose dans votre vie, qui vous semble réel, pourrait n'être qu'une illusion.
• Le magicien peut symboliser un vieil homme sage.

Magie

• Il y a un pouvoir mystique, au-delà de la réalité normale. Écoutez votre magie intérieure. L'Univers est rempli de magie. Il faut y croire !

Main

• Vos mains expriment ce que vous ressentez. Une main levée peut signaler l'attention. La main sur le cœur peut exprimer l'amour ; les deux mains réunies indiquent l'union ; le poing peut signifier la colère ou la force ; la main ouverte peut symboliser la générosité, l'ouverture d'esprit et la franchise ; vous n'avez rien à cacher. Les mains fermées peuvent indiquer que vous n'êtes pas ouvert aux occasions qui se présentent.

• Les connotations négatives se retrouvent dans les expressions « n'avoir aucune prise sur une situation » (ne pas savoir comment faire), « faire main basse sur quelque chose » (voler, s'emparer de quelque chose), « tomber aux mains de ses ennemis » (en leur pouvoir), « ne pas y aller de main morte » (attaquer avec violence).

• Dans les hiéroglyphes égyptiens, la main représentait l'action et la manifestation. Dans l'Amérique colombienne, la main était le symbole d'une force rayonnante magnétique. Dans la religion islamiste, une image de la main servait d'amulette. Dans certaines cultures, un œil au milieu d'une main est un signe de clairvoyance. Le signe d'une main peut vous indiquer d'exploiter votre énergie intuitive pour la manifestation et la création.

• La main droite représente habituellement votre côté logique, rationnel, ce que vous projetez, tandis que la main gauche représente la partie subjective, réceptive et intuitive de votre personnalité.

• Avez-vous envie de tendre la main pour obtenir de l'aide ou pour en offrir ?

• Devriez-vous vous laver les mains d'un problème ?

Maison

• Le symbolisme le plus courant de la maison est le moi physique, le moi spirituel ou les deux. Ce que vous percevez de la maison est souvent le reflet de votre vie. Par exemple, si la plomberie est bloquée, c'est peut-être que vos émotions (symbolisées par l'eau obstruée dans les tuyaux) le sont.

• Les différentes pièces de la maison peuvent symboliser divers aspects de vous-même. Par exemple, la cuisine peut représenter l'alimentation et la subsistance, tandis que le couloir symbolise la transition. La salle de bains peut signaler l'élimination de l'ancien et la purification. Le sous-sol représente votre subconscient et le grenier, votre supraconscience. Le désordre dans une maison peut représenter des aspects de votre vie qui ont besoin de votre attention ou dont vous devriez vous débarrasser.

Majeur (le doigt)

• Voilà un signe évident ayant trait à la colère ou à la sexualité.

Maladie

• La maladie est souvent un signe de manque d'harmonie. En revanche, elle permet de faire surgir de profonds problèmes non résolus. Il est important de remarquer la façon dont la maladie se manifeste, afin de comprendre le message transmis. Il est également très utile de prendre note de ce que vous ressentez, car les émotions que la maladie suscite en vous en sont souvent elles-mêmes la source.
• Si vous voyez beaucoup la maladie autour de vous, c'est peut-être le signe de prendre garde à votre santé et d'être plus vigilant. Votre subconscient sait que la maladie va se déclarer avant que votre corps ne soit touché.

Mâle

• Il s'agit de la partie masculine en vous. Cela représente généralement votre côté linéaire, rationnel et pratique, la part concentrée et consciente de vous-même, par opposition à la conscience diffuse qui provient du subconscient. Devriez-vous faire davantage appel à votre énergie masculine ? Cela s'applique aussi bien aux femmes, car chaque être humain possède une énergie masculine.
• En fonction des autres signes, cela pourrait avoir trait à un homme de votre entourage.

Mandala

• Un mandala est habituellement un cercle ou un carré entourant un point central et renfermant des formes géométriques spirituelles ou des peintures sacrées. Les mandalas représentent le moi dans son entier et tout l'Univers. On les utilise souvent comme aides visuels en méditation et dans les cérémonies religieuses. Carl Gustav Jung prétendait qu'ils recelaient un tel pouvoir spirituel qu'ils sont une sorte de noyau dont nous ne pouvons pas connaître la structure intime ni le sens ultime. Chaque fois qu'un mandala vous apparaît, c'est un signe très puissant d'harmonie, de beauté et d'équilibre.

Manège

• Avez-vous l'impression de tourner en rond sans jamais avancer ?
• Cela symbolise votre joie intérieure enfantine. Personne n'a dit qu'il vous fallait une destination. Laissez-vous simplement aller et profitez de la vie !

Manoir (Voir Maison)

Manquer le bateau / l'avion / le train

• Avez-vous l'impression de ne pas progresser dans la vie ? Vous sentez-vous mis à l'écart en raison de l'état des choses ? Faites l'affirmation suivante : « Ce que je vis présentement correspond exactement à ce que je dois vivre pour favoriser mon évolution. »
• Ce signe peut avoir trait à une occasion ratée. Rappelez-vous que lorsqu'une porte se ferme, une autre s'ouvre.
• Faites-vous vraiment tous les efforts nécessaires ? Prenez le temps de réévaluer vos objectifs et de poursuivre avec passion les plus importants. Ne renoncez jamais.

Marais

• Vous sentez-vous complètement embourbé dans les ennuis sans savoir comment vous en sortir ? Êtes-vous submergé de travail ? Respirez profondément, relaxez et changez votre attitude. Faites quelque chose de totalement inhabituel, afin de modifier vos patterns.
• Vous enlisez-vous dans une situation ?
• Êtes-vous dans une tourbière émotive ?

Marécage (Voir aussi Eau, Terre)

• Les marécages sont des terres basses et humides caractérisées par une végétation luxuriante. Ils forment une zone de transition entre l'eau et la terre. Stagnants, ils indiquent que vous n'avancez pas et que vous manquez d'assurance sur le plan émotif. Des marécages sains procurent nourriture et abri à de nombreuses espèces d'oiseaux et d'animaux. Ils forment un écosystème très utile. C'est le signe que vos émotions et les aspects physiques de votre vie sont en équilibre.
• Vous enlisez-vous dans une situation ? Purifiez-vous. Nettoyez votre corps et votre âme, afin de retrouver des bases solides.

Mariage

• Cela peut indiquer la nécessité de réunir vos côtés masculin et féminin et d'intégrer les différents aspects de votre être.
• Cela peut vous inviter à réunir vos idées ou des gens.
• Envisagez-vous de vous marier, ou êtes-vous en train de faire des choix de vie susceptibles d'affecter votre mariage ?
• Un merveilleux signe d'union du conscient et de l'inconscient, du corps et de l'âme, ainsi que des énergies masculine et féminine en vous.

Marié / Mariée

• Le marié et la mariée peuvent tous deux représenter la communion des forces masculines et féminines en nous. Un mariage est l'occasion de rendre hommage à ces forces intérieures. C'est le signe de nouveaux commencements grâce à l'union, le moment d'apprivoiser les forces masculines et féminines en nous.

Marmite

• Une marmite renferme des aliments destinés à vous nourrir. Elle peut être en grès, en métal ou en verre. La marmite représente le contexte qui vous nourrit. Quel est le sens du contenant renfermant les ingrédients de votre vie ?

Marionnette

• Vous sentez-vous manipulé ? Ou manipulez-vous les autres ?
• Remettez-vous votre sort entre les mains de quelqu'un d'autre en oubliant que vous êtes maître de vous-même ?

Mars

• À l'origine, Mars était le dieu de l'agriculture, de la fertilité et des récoltes abondantes. Plus tard, après que les Romains furent en contact avec la culture grecque, Mars est devenu le dieu de la guerre. Ce signe peut représenter un léger manque d'harmonie dans votre vie. Il peut vous inviter à vous servir de votre pouvoir de concentration pour viser la prospérité.

Martyr

• Voilà le signe d'un manque total de pouvoir personnel. Avez-vous l'impression d'être une victime de la vie ? Travaillez sur l'acceptation de vous-même. Assumez la responsabilité des événements de votre vie. Faites l'affirmation suivante : « Je maîtrise ma vie et je suis responsable des événements de ma vie. »
• Ce signe peut avoir trait à vos rapports avec autrui. Si vous avez l'impression de donner sans recevoir suffisamment d'appréciation, alors ne donnez pas, car le don est gratuit.

Masque

• Dans les cultures indigènes, les masques étaient traditionnellement utilisés au cours des rites d'initiation. Les métamorphoses que les initiés subissaient étaient tellement mystérieuses et fabuleuses qu'il fallait les cacher derrière un masque. Suivant la sorte de masque, il peut s'agir d'un signe puissant indiquant que vous êtes en pleine transformation.
• Les masques peuvent représenter les différentes images de vous-même. Votre personnalité est peut-être différente au travail, avec vos parents et avec vos amis. Presque tout le monde possède plusieurs facettes, mais lorsque celles-ci sont trop différentes les unes des autres, cela engendre des difficultés. Êtes-vous content de l'image que vous projetez, ou serait-ce le moment de la modifier radicalement ?
• Un masque peut être le moyen de cacher sa véritable personnalité ou ses intentions. Ce peut être un visage absent, immobile ou à l'expression énigmatique. Y a-t-il quelqu'un de votre entourage qui n'est pas ce qu'il semble être ou qui camoufle son identité, qui ne montre pas son vrai visage ? Sentez-vous le besoin de dissimuler qui vous êtes ?

Massage

• Cela peut vous inviter à vous faire plaisir et à répondre aux besoins de votre corps.

Médecin

• C'est peut-être le moment de consulter un médecin pour faire un bilan de santé.
• Un médecin peut symboliser votre guérisseur intérieur.

• Cela peut indiquer la nécessité de consulter un médecin pour un bilan de santé.

Médicament

• Voilà un signe de guérison et d'équilibre.
• Cela peut également signifier que vous devriez prendre des médicaments pour vous soigner.
• Cela peut avoir trait au karma. Est-ce que vous souffrez ?

Méditation

• Cela peut indiquer que votre guide désire vous parler, mais que votre esprit est trop occupé pour l'écouter. Prenez le temps de vous apaiser, afin d'entendre votre petite voix intérieure et celle du Créateur. Méditer peut être aussi simple que de rester immobile et d'écouter les battements de votre cœur.

Méduse

• Avez-vous l'impression de flotter à la dérive ?
• La méduse ne possède pas de colonne vertébrale. Agissez-vous sans conviction ?

Melon

• Un melon bien rond et bien charnu est un signe d'unité et de belles occasions à venir.

Menstruations

• Voici un bon signe qui indique de libérer l'ancien afin d'accueillir le nouveau.

Mercure

• Mercure était le messager des dieux et porteur de messages. Il était également le dieu du commerce, du profit, de la chance, des voyages
• Mercure est rapide, d'humeur changeante et instable. Êtes-vous de tempérament mercurien ?

• Cela peut avoir trait à l'éloquence, à la perspicacité et à la rapidité, caractéristiques attribuées au dieu Mercure. L'une de ces qualités s'applique-t-elle à vous ?

Mère

• Les symboles de mère correspondent généralement au réconfort que procure la nature, notre mère la Terre et la mère divine. La mère représente la sagesse qui se cache en vous. (Même si vous êtes un homme, il y a de l'énergie féminine en vous.)
• La signification que vous projetez sur ce symbole peut refléter la partie de vous-même que votre propre mère représente.
• Jung a affirmé que la mère est le symbole de la conscience collective et de l'aspect intérieur et nocturne de la vie, ainsi que la source de l'eau.

Mesquin

• Si vous avez l'impression que les gens sont mesquins à votre égard, demandez-vous s'il ne s'agit pas de votre propre attitude envers les autres. Êtes-vous tombé dans le piège de l'illusion d'être une victime ?

Métal

• Voilà un signe qui renvoie à votre force.

Meurtre (Voir Tuer)

Microscope

• Le temps est venu de faire un sérieux examen de conscience.

Miel

• Dans la mythologie, le miel était la nourriture des dieux ; il a donc fini par symboliser la force vitale de toutes choses.
• Le miel peut avoir trait à quelque chose ou quelqu'un de doux et d'agréable dans votre entourage, peut-être une personne que vous aimez tendrement.

Milieu

• Chaque fois que vous recevez ce signe, le message est très clair. Choisissez la voie du centre. N'allez pas aux extrêmes. Suivez la pensée de Bouddha. La modération est de mise.

Mine (Voir aussi Trou)

• Il y a des trésors insoupçonnés en vous. Vous êtes bien davantage que vous ne le croyez.

Miroir

• Voilà un signe très puissant comportant de multiples significations. Un miroir peut symboliser votre imagination et votre pensée consciente, au sens où il reflète le monde autour de vous. Il peut aussi être le signe de la contemplation de soi et du besoin de descendre en vous-même. Certains psychologues associent le miroir aux souvenirs cachés ou inconscients. En Chine, les miroirs servent à refléter ou à chasser les mauvaises influences. Identifiez les signes qui l'accompagnent, pour découvrir le sens du miroir dans votre vie.
• Dans le folklore et les contes de fées, le miroir a souvent une connotation magique. Il est l'entrée ou la porte mythique entre le monde réel et les autres royaumes. Explorez la magie dans votre vie.
• Un miroir peut vous permettre de sortir de la réalité afin de prendre du recul.
• Devriez-vous voir le reflet de ce qui se passe vraiment dans votre vie et qui vous êtes vraiment ?
• Cela peut vous inviter à faire face à votre véritable personnalité.
• Un miroir vous permet de vous voir comme les autres vous perçoivent.

Mite

• Les mites grignotent les vêtements au fond des placards. Est-ce que quelque chose vous ronge sans que vous ne le sachiez ?

Monastère

• C'est une invitation à faire une retraite spirituelle en vous retirant du monde.

Monstre

• Les peurs cachées des enfants se manifestent sous la forme de monstres. Y a-t-il une part inconnue de vous-même que vous craignez ?
• Prenez le temps de bien examiner votre monstre intérieur. Les plus grandes peurs viennent de ce qu'on ignore. Familiarisez-vous avec vos démons intérieurs. Demandez-vous quelles parties de vous-même ils représentent. Vous pouvez même donner une forme au monstre et lui demander à quoi il correspond. Si vous faites face à un monstre menaçant, combattez-le ou réconciliez-vous avec lui, plutôt que de le fuir.

Montagne

• Le signe d'un but ou d'une occasion accessible. Gravir la montagne signifie que vous progressez vers cet objectif, tandis que la descendre indique que vous vous en éloignez.
• Une montagne peut être une expérience spirituelle inspirante. Les monastères et les lamaseries sont situés dans les montagnes car ce sont des retraites spirituelles.
• Vous faites-vous une montagne de quelque chose ?
• La montagne peut être perçue comme le signe d'un obstacle ou d'une occasion à venir, suivant les autres signes qui l'accompagnent.
• Si vous avez l'impression de lutter pour atteindre des hauteurs insurmontables, rappelez-vous que vous en êtes capable. Et n'oubliez pas de profiter du voyage, avant d'arriver à destination.

Mort / Mourir

• Ce signe n'est généralement pas de mauvais augure. Il est très rare qu'il annonce la mort d'un proche ou la vôtre. Il symbolise habituellement la transformation, la fin de vieux modèles de pensée, pour permettre la renaissance. Ouvrez la porte à un nouveau stade d'évolution.
• Il s'agit peut-être d'un signe relatif à votre anxiété face à la mort ou à celle de quelqu'un d'autre. Rappelez-vous que votre âme et votre essence sont éternelles. Permettez-vous de grandir. De plus, il est impossible de vivre pleinement avant d'avoir fait face à votre mort physique et de l'avoir acceptée.

Mule

• Vous montrez-vous obtus face à une situation ? Faites preuve d'un peu de souplesse. Tenez compte du point de vue de l'autre. Cette personne a raison autant que vous, dans son univers.
• Une mule peut transporter des charges très lourdes. Avez-vous l'impression d'en avoir trop sur le dos ?

Musée

• Un musée peut représenter la connaissance. Le moment est venu de tirer des leçons de sagesse du passé et de les intégrer au présent.

Musique

• Le symbolisme de la musique est incroyablement varié et complexe. Par exemple, dans les temps anciens, on croyait que chaque note était intimement liée à une planète. Un ancien philosophe avait attribué un animal à chaque note en lui associant une signification. Un autre pensait que la forme d'un instrument donnait un sens à la musique qui en sortait.
• À la base, pour interpréter ce que les signes veulent dire relativement à la musique, prenez note de votre relation à celle-ci. Cela indique dans quelle mesure vous êtes en harmonie avec votre vie. Une douce mélodie peut signifier une spiritualité inspirante et l'harmonie intérieure. Si les notes sont fausses, cela peut indiquer des notes discordantes dans votre vie.
• La musique reflète profondément vos états d'âme. Vos réactions à celle-ci varieront en conséquence. Vous pouvez découvrir où vous en êtes dans la vie en observant comment vous réagissez à la musique. Ressentez-vous de la tristesse, de la colère, de la douceur, de la tendresse ou une autre émotion ? Cela vous plonge-t-il dans le drame ? Est-ce que la musique d'ambiance vous apaise, ou vous ennuie ? Est-ce que le rock vous énergise, ou vous irrite ?
• Écoutez attentivement les paroles. Il s'y trouve toujours des messages importants.

Naïade / Nymphe

• Les naïades (des jeunes filles mystiques habitant dans les montagnes, sous les eaux et dans les arbres) étaient des divinités mineures de la

nature, dans la mythologie. Jung croyait que les nymphes symbolisaient l'expression fragmentaire de l'aspect féminin de l'inconscient. La nymphe était une phase non développée du processus que Jung a appelé l'« individuation de l'être ».
• Cela peut aussi être un signe de sexualité épanouie.

Nain

• Vous sentez-vous écrasé face à une situation ? Est-ce que vous limitez votre potentiel ?
• Le symbolisme des nains vient peut-être du conte *Blanche-Neige*, dans lequel les nains sont ses gardiens et ses véritables amis.

Naissance

• Voilà un signe puissant de renouveau ou de renaissance. Elle peut symboliser une nouvelle étape de votre vie, intérieure ou extérieure. La naissance peut représenter un éveil spirituel ou l'épanouissement de vos forces créatrices.
• Le moment est-il venu de donner naissance à un nouveau projet, un nouvel idéal ou une nouvelle voie dans votre vie ? Est-ce le temps de renouveler un vieil engagement ?
• La naissance de quelque chose de neuf suit nécessairement la mort ou la libération d'autre chose, comme un vieux comportement négatif ou un ancien schème contraignant. Soyez prêt à foncer, même si cela signifie de renoncer à certaines choses.
• Les signes de naissance signalent des recommencements, mais ils peuvent aussi représenter des sentiments de vulnérabilité ou de dépendance.

Nausée

• Quelque chose vous donne la nausée, vous afflige. Il est essentiel de prendre le temps d'examiner toutes les situations de même que vos relations, afin d'identifier ce que vous n'arrivez pas à digérer.
• Cela peut être le signe que vous devriez vous défaire de ce dont vous n'avez pas besoin dans la vie.
• La nausée peut être le signe de modifier votre régime alimentaire. Vous mangez peut-être des aliments qui ne vous conviennent pas.

Nécrologie

• Ce signe peut indiquer la libération de vieilles idées, façons de penser et croyances.
• Ce signe ne signale que rarement le décès d'un proche.

Nez

• Mettez-vous votre nez dans les affaires des autres ? Il vaut mieux pas.
• Quelqu'un se mêle-t-il de vos affaires ?
• Le nez est proéminent. Il peut signifier que vous avez besoin d'attention ou de reconnaissance.
• Le nez de Pinocchio s'allongeait, quand il mentait. Êtes-vous honnête envers vous-même ?

Noël

• Si ce signe se manifeste hors-saison, il peut signifier une fête entre amis ou avec la famille. Il peut aussi annoncer une naissance spirituelle. Jetez un coup d'œil au passé. De vieux souvenirs vont peut-être resurgir.

Nœud

• Êtes-vous tendu ? Avez-vous des nœuds à l'estomac ? La façon la plus efficace de dompter sa peur consiste à l'affronter avec détermination. Il vaut mieux un bref moment d'inconfort que l'agonie de l'angoisse.
• Le moment est-il venu de vous engager envers la personne que vous aimez et de nouer des liens durables ?
• Dénouer un nœud signifie libérer un certain aspect de votre vie. Êtes-vous lié par un engagement dont vous souhaiteriez vous défaire ?

Noir

• Le noir peut symboliser l'inconnu, la partie ombre de vous-même ou les mystères de votre subconscient. Devriez-vous explorer des problèmes intérieurs ?
• L'expression « être dans le noir » signifie patauger dans la confusion. Ressentez-vous de l'incertitude, quant à la voie à suivre ?

• Le noir peut aussi représenter le réconfort de la nuit. Cela indique peut-être qu'il est temps de vous reposer et de vous accorder du temps pour rêver.
• Le noir est également associé à la dépression et au désespoir. Refoulez-vous de la tristesse ou de la colère ? Il est naturel et salutaire de ressentir chaque émotion. Il n'en existe pas de mauvaises, mais si vous les refoulez, elles peuvent se transformer en dépression. Si vous vous sentez déprimé, vous devez identifier et libérer les émotions enfouies et trouver le moyen de les vivre. Si cela vous bouleverse trop, demandez de l'aide.
• Dans les cultures occidentales, le noir est associé au deuil. Devez-vous faire le deuil d'un aspect de votre vie ?
• Pour certaines personnes, le noir symbolise la force. Les Chinois perçoivent cette couleur comme un symbole du bien.

Noix

• Un signe qui renferme le potentiel d'une nouvelle vie.
• Ramasser des noix pour l'hiver est un signe de récolte et d'abondance.

Nombril

• Le cordon ombilical vous reliait à votre mère, dans l'utérus. Ce signe pourrait vous transmettre un message ayant trait à votre relation avec votre mère.
• Le nombril est l'origine du cordon d'argent qui relie votre corps astral à votre corps physique. Êtes-vous prêt à danser en harmonie avec l'Univers ?
• En Orient, on croit que le nombril symbolise le centre de l'Univers. Descendez en vous-même et recentrez-vous.
• Avez-vous l'impression d'être le nombril du monde ? Peut-être devriez-vous être plus modeste ?

Noms

• Faites attention aux noms des gens et des lieux autour de vous. Ils recèlent peut-être des messages importants à vous transmettre.
• Dans certaines traditions ésotériques, le nom d'une personne renferme un grand pouvoir. Dans l'Égypte ancienne, on croyait que le nom reflétait l'âme de quelqu'un et permettait de connaître sa

destinée. Il est utile d'examiner les racines et la signification de votre nom (votre nom de naissance et celui que vous utilisez à l'âge adulte), afin de mieux comprendre votre voie personnelle.

Nord

• Si vous vivez dans l'hémisphère nord, le nord représente le froid et l'obscurité. Pour les Indiens d'Amérique du Nord, le nord était le royaume des ancêtres, des sages spirituels, de la mort et de la renaissance. Si vous vivez dans l'hémisphère sud, le nord représente la chaleur et la lumière.

Noyade (Voir aussi Eau)

• Ce signe peut vouloir dire que vous êtes envahi par les émotions ou des forces inconscientes, puisque l'eau représente habituellement les émotions. Vous trouvez-vous dans une situation où vous avez du mal à garder la tête hors de l'eau ?
• La noyade peut aussi symboliser la mort et la renaissance, comme dans le baptême.

Nuages

• Les nuages sont des signes très puissants. Ils comptent parmi les moyens les plus faciles d'obtenir des signes. Ce sont de merveilleux transmetteurs de messages. Les observer permet de capter des messages clairs de l'au-delà. Plus vous observerez le mouvement perpétuel des nuages, plus les symboles et les formes qu'ils renferment prendront un sens. Les Amérindiens qualifient les esprits des nuages de « peuple des nuages ». Ces êtres se manifestent dans leurs mouvements.
• Des nuages légers peuvent signaler une belle spiritualité. Il s'agit d'un signe positif et sain associé à la paix intérieure.
• Des nuages annonçant l'orage peuvent représenter un questionnement spirituel. Une tempête personnelle se prépare. Cela peut aussi signaler que le moment est venu de vous purifier.
• Avez-vous la tête dans les nuages ?

Nudité

• La nudité peut représenter la liberté totale et l'honnêteté. Courir tout nu peut exprimer une belle joie enfantine.
• Cela peut aussi être un signe de grande vulnérabilité. Vous sentez-vous mis à nu ? Établissez vos frontières personnelles, afin de rehausser votre confiance en vous.
• Pour certains, la nudité est associée à la honte à cause de sentiments refoulés à l'égard du corps ou d'un traumatisme personnel passé. Si c'est votre cas, faites l'affirmation suivante : « J'accepte toutes les parties de moi-même, y compris mon corps et mon passé. »
• La nudité peut signifier que vous allez révéler quelque chose et mettre votre âme à nu. Consentez à ouvrir votre cœur et à être franc avec vous-même et les autres.
• Cela peut aussi être un signe de sensualité. Donnez libre cours à vos passions charnelles.

Nuit

• La nuit est le royaume du principe féminin, le domaine des rêves, des mystères anciens et du subconscient. Les Grecs de l'Antiquité prétendaient que la nuit et l'obscurité avaient précédé la création de toutes choses. Voilà pourquoi la nuit symbolisait la germination et la fertilité. Explorez les espaces intérieurs en vous. Plongez dans votre magie. Découvrez et suivez vos rêves.
• La nuit peut aussi être le signe d'obstacles ou de retards, de l'impossibilité de voir les choses clairement ou d'être en contact avec votre intuition. Faites l'affirmation suivante : « Je vois clairement ma voie personnelle. »
• Si la nuit est claire et constellée d'étoiles ou baignée par la lune, cela représente alors votre intuition et vos royaumes magiques intérieurs.

Oasis

• Une oasis est un havre de paix et un lieu de ressourcement. Ce signe vous indique de trouver un lieu de retraite personnelle afin d'y refaire vos forces en vue du voyage qui vous attend.

Obscurité

• L'obscurité peut représenter l'inconnu et votre subconscient.

• L'obscurité est souvent associée à vos peurs. Rappelez-vous qu'avoir peur demande davantage d'énergie que d'y faire face.
• Avez-vous l'impression de devoir éclaircir une situation ?
• Le pouvoir des entrailles, de la part la plus profonde de vous-même. L'obscurité est la déesse de la Nuit, votre sagesse intérieure provenant de très loin.
• L'obscurité peut représenter la mort ou la nuit noire de l'âme. Elle peut être l'emblème de la dépression ou des ténèbres. Vous sentez-vous déprimé ? Sortez. Bougez. Dansez. Exprimez-vous physiquement. Le mouvement neutralisera la dépression.

Observatoire

• Devriez-vous prendre du recul et mettre les choses en perspective, afin de les observer plus en profondeur ?

Obstacles

• Des obstacles physiques (comme des murs de brique, des portes fermées à clé, des embouteillages, des clôtures ou même le mauvais temps) qui entravent constamment votre route, ou des obstacles personnels (comme des contrats qui n'aboutissent pas ou des appareils téléphoniques qui ne fonctionnent pas) sont tous des messages puissants vous indiquant de descendre en vous-même et de réévaluer votre vie. Les questions à vous poser dans ces circonstances sont les suivantes : 1) Est-ce que vous vous sabotez vous-même, inconsciemment, parce que vous avez peur de prendre des risques et de franchir vos limites personnelles ? Craignez-vous de quitter votre zone de confort ? 2) Allez-vous dans la bonne direction ? Parfois, les obstacles sont une façon de vous dire de vous orienter autrement. 3) Les obstacles peuvent vous signaler de vous retirer du monde et de descendre en vous-même. Consacrez moins de temps à la vie extérieure et davantage à votre vie intérieure.

Océan (Voir aussi Eau)

• L'océan représente la vie, votre subconscient et votre merveilleux pouvoir intuitif. Le moment est venu de plonger dans l'ancienne sagesse primordiale qui se trouve en vous. Faites confiance à votre intuition.

• Le sens de ce signe varie selon l'état de l'eau. Un océan calme correspond à un grand pouvoir intérieur et à un équilibre émotif et spirituel. Un océan houleux indique qu'il vous faut du courage pour atteindre des eaux plus calmes, au milieu de la tempête.

Œuf

• L'œuf est un signe très puissant qui signale une vie nouvelle et un nouveau potentiel. Dans de nombreuses cultures anciennes, l'œuf représente l'immortalité. Dans les hiéroglyphes égyptiens, l'œuf représentait un grand potentiel et renfermait même le mystère de la vie. Sur l'illustration d'un papyrus égyptien, on a représenté un œuf flottant au-dessus d'une momie ; on croyait alors qu'il représentait la vie après la mort. Si ce signe vous apparaît, vous êtes vraiment sur le point d'accéder à votre plein potentiel. C'est le temps d'un recommencement.

Œufs d'oiseaux

• Des œufs d'oiseaux dans un nid annoncent de nouveaux commencements.

Oiseau (Voir aussi les différentes espèces d'oiseaux)

• Un oiseau peut être le signe d'un envol vers de nouveaux sommets, du dépassement de vos soucis, ou indiquer l'exploration du royaume des esprits.
• L'oiseau représente la liberté. Souhaitez-vous prendre votre envol ?
• L'oiseau est considéré universellement comme un messager du royaume des esprits. Le chaman se transforme en oiseau pour communiquer avec les esprits et le Créateur. Ressentez-vous le besoin d'établir un meilleur contact avec la source divine présente dans tout ce qui vous entoure ?
• Les oiseaux sont capables d'observer le monde de haut. Serait-il nécessaire de prendre vos distances par rapport à une situation, afin de la voir de loin ?
• Un oiseau peut signifier la fantaisie, l'imagination. Donnez-y libre cours.
• Les oiseaux ont toujours symbolisé la modestie et la simplicité. Peut-être cela révèle-t-il un désir de retrouver la douce pureté de la nature ?
• Si l'oiseau chante, il est porteur de bonnes nouvelles.

• Un oiseau dans une cage peut symboliser un sentiment de perte de liberté.

Ongle

• Ronger ses ongles signale de l'anxiété. N'oubliez pas que vous êtes guidé, protégé, et que rien n'arrive par hasard.

Oie

• Tout comme le canard et le cygne, l'oie est associée à la mère et c'est pourquoi elle figure souvent dans les contes de fées.
• L'oie peut signifier une incitation à aller de l'avant. Souhaitez-vous que quelque chose avance ?
• L'oie peut représenter aussi une personne sotte.

Oignon

• L'oignon est un signe de tristesse latente.
• Cela peut aussi être le signe d'une conscience composée de plusieurs couches.

Olive

• L'olivier peut être un signe de paix. Souhaitez-vous vous réconcilier avec quelqu'un ?

Or

• Un excellent signe. L'or est le symbole du soleil, qui représente l'âme et la vie. Dans la doctrine hindoue, l'or est appelé la « lumière minérale ». En latin, le mot *or* est le même que celui qui désigne la lumière en hébreu. L'or est souvent associé à la lumière dorée de la paix intérieure.
• L'or peut aussi être le signe d'un trésor insaisissable comme celui qu'on prétend trouver au bout d'un arc-en-ciel.
• Lorsqu'on dit qu'une personne a un cœur d'or, c'est qu'elle dégage une grande bonté.

Orange

• L'orange est une couleur chaude, stimulante, mais dont la vibration est plus légère et plus élevée que le rouge. L'orange est une couleur joyeuse, sociale, dont les clowns du monde entier se servent. Cette couleur stimule l'optimisme, l'épanouissement, l'équilibre émotif, la confiance, le changement, les efforts, la motivation, la souplesse, l'enthousiasme et le sens collectif. L'orange est flamboyant et chaleureux, tolérant et sociable. L'orange qui vous apparaît en signe peut signaler que vous entrez dans une phase d'ouverture aux autres.

Orchestre

• Cela peut être un signe de synthèse, d'harmonie et de synergie. Si l'orchestre joue juste, cela peut signifier que tous les aspects de votre vie sont en harmonie. S'il joue faux, c'est que votre vie comporte peut-être quelques notes discordantes.

Ordures

• Cela peut indiquer ce dont vous n'avez plus besoin ou que vous devriez libérer.

Oreilles

• Écoutez. Prenez le temps d'entendre les signes autour de vous. Consentez à prêter l'oreille et à entendre la vérité. Y aurait-il quelque chose que vous craignez d'entendre ?

Oreiller

• Un oreiller peut représenter votre royaume intuitif et vos rêves.
• Cela peut être un signe de détente et de lâcher-prise. Avez-vous besoin de repos ? Vous devriez peut-être poser la tête sur l'oreiller et vous reposer.

Organes génitaux

• Vous sentez-vous en pleine puissance de vos moyens, et cela, sur tous les plans, ou avez-vous un sentiment d'impuissance ?

Orgasme

• Ce signe dépend de la sensation qui y est associée et du fait que vous ayez atteint ou non l'orgasme, physiquement. Cela peut être un indicateur puissant de l'harmonie entre vos énergies masculine et féminine et de la qualité de votre connexion à votre énergie vitale, c'est-à-dire l'énergie créatrice située à la base de votre colonne vertébrale. Par ailleurs, l'orgasme peut être un signe de réalisation et de grande joie.

Orgie

• Ce signe indique que votre force créatrice s'effrite. Concentrez-vous sur vos objectifs.
• Cela peut signaler un désir de briser les normes et de franchir les limites de la morale.
• Ce signe peut indiquer de l'abus en termes de nourriture et de sexe. Prenez le temps de centrer votre force vitale, afin de préserver votre santé et votre énergie.

Orignal

• L'orignal est un signe de pouvoir, de beauté, de dynamisme et de dignité. Il a le pouvoir de pousser les obstacles. Le cerf les contournera gracieusement sur son chemin, tandis que l'orignal foncera dedans. Si vous vivez des difficultés, l'orignal vous indique de les traverser dignement.

Orphelin (Voir aussi Abandon)

• Vous sentez-vous seul ? Avez-vous l'impression de ne pas avoir de famille ? Il existe un espace sacré en vous où vous n'êtes pas séparé du reste du monde. Si vous entrez dans cet espace, vous vous sentirez lié au grand tout et non pas abandonné.
• Vous sentez-vous coupable d'abandonner quelqu'un ou quelque chose ? Prenez les mesures appropriées. Libérez-vous de votre sentiment de culpabilité, ou alors n'abandonnez pas cette personne.

Otarie

• L'otarie est capricieuse et espiègle. Elle aime jouer. Préparez-vous à vous amuser et savourez l'instant présent !

Oublier

• Quand on oublie, c'est généralement parce qu'on est préoccupé par autre chose. Prenez un moment pour déceler ce qui se passe sous la surface.
• Cela peut être le signe que vous vous sentez oublié, mis à l'écart. Si cela vous arrive souvent, faites l'affirmation « Je suis là où l'action se passe », c'est-à-dire que là où vous êtes, tout est merveilleux. La forme suit souvent l'intention. Ayez donc celle de vous trouver au centre de tout, et cela se produira !

Ours

• L'ours représente le pouvoir de notre mère la Terre. Chaque hiver, l'ours hiberne dans une grotte offrant un confort semblable à celui du ventre de la mère éternelle. Le signe de l'ours vous invite à l'introspection, en prévision d'un renouveau.
• L'ours peut représenter l'aspect protecteur, maternel et féminin de la force et du pouvoir. Très peu d'animaux manifestent autant d'agressivité que la maman ours lorsque ses petits sont menacés. Peut-être devez-vous défendre passionnément une part de vous-même ou quelqu'un de votre entourage ?
• Bon nombre d'Amérindiens considèrent l'ours comme un totem (ou signe) de guérison. Nous sommes tous des guérisseurs en puissance. C'est peut-être le signe d'accéder à vos capacités de guérisseur.
• Dans la culture occidentale, l'ours est associé à une peluche qu'on aime caresser. Ce peut être le signe de prendre le temps d'être doux, de donner des câlins et de revenir aux joies simples de la vie.

Ouvert

• Soyez ouvert à la vie et aux possibilités nouvelles. Tout s'ouvre devant vous. Ouvrez votre esprit !
• Vous confiez-vous trop aux autres ? Il y a parfois lieu d'être ouvert aux autres, mais à d'autres moments, il est nécessaire de préserver votre énergie. Savez-vous reconnaître les moments où il faut être plus discret ?

Pain

• Quand Jésus a rencontré ses douze disciples, il a partagé le pain avec eux. Le pain peut représenter la communion avec autrui et l'unité spirituelle.
• Le pain est souvent un symbole très fort de vie, de nourriture, de subsistance, d'où l'expression « gagner son pain à la sueur de son front ». Si vous l'associez à la notion d'argent, remarquez la qualité du pain et ce que vous ressentez.

Palais (Voir aussi Maison et Château)

• Dans l'ancienne tradition cabalistique, le palais intérieur sacré était situé au centre des six directions et portait le nom de « palais d'argent ». Il symbolisait l'origine de la création. Dans les contes de fées, partout dans le monde, le palais renferme des pièces magiques et des portails multidimensionnels donnant sur votre intériorité. Un palais peut représenter votre véritable royaume magique intérieur et votre splendeur.

Pan

• Pan était le dieu grec des bergers et des chasseurs qui ont inventé la flûte de Pan. Ce signe symbolise la joie que procure la nature. Serait-ce le moment d'accueillir cette joie dont la nature nous imprègne ?

Panda

• Le panda est associé à quelqu'un de calme, doux et tendre.

Panique

• La panique survient lorsque vous avez l'impression de ne pas posséder les ressources nécessaires pour faire face à une situation ou que vous ne maîtrisez plus rien. Restez calme, arrêtez-vous, respirez. Relaxez et nourrissez votre force intérieure. Faites l'affirmation suivante : « La peur est une illusion. » Quand vous aurez repris le contrôle de vous-même, votre assurance se reflétera sur tout le reste.

Paon

• Le paon peut être un signe d'orgueil et de vanité. Êtes-vous trop sûr de vous ? Quelqu'un de votre entourage fait-il le paon ?

• Cela peut aussi être un signe d'une trop grande confiance en soi. Êtes-vous prêt à afficher vos vraies couleurs, à vous montrer tel que vous êtes ?
• Dans de nombreuses traditions anciennes, le paon était vénéré et on le portait aux nues. Dans la mythologie hindoue, on disait que le paon représentait les étoiles et le firmament, en raison des motifs de ses plumes iridescentes. À l'époque romaine, le paon symbolisait la déification des princesses. Certaines formes d'art chrétien montraient le paon comme le symbole de l'immortalité. En Perse, deux paons de chaque côté de l'arbre de vie représentaient la polarité de l'homme soutenue par l'unité cosmique symbolisée par l'arbre.

Papillon

• Un signe très puissant de recommencement dans un autre plan, plus élevé. Tout comme le papillon sort de son cocon pour déployer ses ailes en beauté, vous accédez à un niveau supérieur de conscience. C'est une époque de renaissance et de transformation. Pour les Anciens, le papillon représentait l'âme et même la vie. Êtes-vous prêt à renaître ?
• Celui qui « papillonne » ne se pose pas et va d'une relation à l'autre sans jamais s'engager. Cela correspond-il à un aspect de votre vie ?
• Un papillon peut aussi annoncer de la joie.

Papillon de nuit

• Le papillon de nuit se bat contre la lumière jusqu'à la mort. Votre persévérance est-elle insensée ? Vous acharnez-vous à vouloir accomplir quelque chose sans obtenir de résultats ? Mettez les choses en perspective et prenez conscience du fait qu'il n'est pas nécessaire de faire autant d'efforts pour réaliser vos objectifs.

Paquet

• Transporter un paquet peut signifier que vous traînez avec vous quelque chose, quelqu'un ou une idée dont vous n'avez peut-être pas besoin. Libérez-vous.
• Porter un paquet peut également indiquer que vous avez vos provisions essentielles avec vous et que vous êtes indépendant.
• Emballer vos affaires peut symboliser de vous préparer à un changement dans votre vie.

Parachute

• Lâchez prise ! Vous êtes protégé et en sécurité.
• Prenez un risque. Ayez confiance qu'on vous rattrapera en cas de chute.

Paradis

• Le paradis est un lieu de paix parfaite et d'amour sublime. Il se trouve en vous-même.
• Ce signe peut aussi indiquer l'innocence ou la perte de l'innocence. Le jardin d'Éden représentait un paradis de beauté et de paix, et pourtant, la tentation a été la plus forte. Faites-vous face à une tentation risquant de menacer une vie paisible ?

Paralysie

• Vous sentez-vous complètement paralysé dans un aspect de votre vie ? Dansez, courez, bougez. Le mouvement permet de générer de l'énergie.
• Avez-vous des sentiments ou des impulsions contradictoires ? Par exemple, vous souhaitez peut-être quitter votre emploi et voyager, mais craignez de perdre votre sécurité et votre stabilité. Vous êtes peut-être partagé entre votre désir de réussite et votre crainte du succès. Ce signe peut vouloir dire que vous manquez de confiance en vous pour aller de l'avant et suivre votre vérité. Faites l'affirmation suivante : « Je sais prendre des décisions et je fais les bons choix. »

Parasite

• Quelque chose draine-t-il votre énergie ? Un souci interne qui vous ronge ? Y a-t-il quelqu'un dans votre entourage qui profite de vous et vous accapare ?
• Cela pourrait signifier que vous avez effectivement des parasites et qu'il serait bon de consulter un médecin.

Parents

• Les rôles familiaux ont beaucoup évolué, mais en dépit de ces heureux changements, la mémoire de l'âme conserve certaines images stéréotypées des parents. Le père est associé à l'autorité, à la pensée rationnelle, et peut signifier la force que vous projetez et votre autorité intérieure. Cela peut représenter aussi votre père ou vos aptitudes paternelles.

• Le stéréotype de la mère représente le principe féminin de la réceptivité et les royaumes intérieurs de l'intuition, des sentiments et du réconfort. Ce signe peut avoir trait à votre mère ou à vos aptitudes maternelles.

• Ce signe peut correspondre à votre vécu avec vos parents, à vos aptitudes de parents ou à l'énergie maternelle ou paternelle qui se cache en vous.

Parfum

• Les parfums et les odeurs ont un effet très puissant sur notre façon de percevoir l'environnement. L'odorat peut parfois susciter des émotions plus fortes que la vue ou l'ouïe. Prenez note de votre réaction sur le plan émotif, de même que des souvenirs que vous associez au parfum que vous sentez.

Partie

• C'est le temps de célébrer !

• Le moment serait-il venu de sortir un peu et de socialiser ? Ou sortez-vous trop ?

• Êtes-vous partie à une situation que vous ne souhaitez pas, ou êtes-vous réticent à prendre part à quelque chose alors que vous sentez que vous ne devriez pas ?

Passager

• Si vous êtes le passager, vous suivez. Ce n'est pas vous qui décidez de la destination. Y a-t-il un aspect de votre vie que vous ne maîtrisez pas ?

• Parfois, il est bon de ne pas chercher à tout maîtriser et de suivre le courant. Vous en êtes peut-être à une étape de votre vie où vous devriez laisser les autres choisir.

Passeport

• Des occasions de voyage et de changement sont sur le point de se présenter. Tenez-vous prêt. (Il serait bon de renouveler votre passeport, en cas de voyage imprévu !)

• Voilà votre passeport pour le changement et pour créer ce que vous voulez.
• Un passeport est une pièce d'identité. Que vous dit ce signe, au sujet de votre identité ? Êtes-vous content de vous-même ? Serait-ce le temps de procéder à certains changements ?

Pattern

• Un changement de pattern peut signifier l'abandon de vieux comportements. Vos comportements actuels vous conviennent-ils ?

Patron

• Cela peut indiquer de retrouver la maîtrise de votre vie ou de prendre une situation en main.
• Avez-vous l'impression que quelqu'un vous dicte ce qu'il faut faire, que vous subissez sa domination ? Devriez-vous avoir une plus grande maîtrise de votre existence ? Devriez-vous mettre des limites, pour empêcher les autres de trop s'immiscer dans votre vie ?

Pause / Interruption / Rupture

• Une interruption peut être le signe d'un changement inattendu dans votre vie. Une vieille relation est sur le point de prendre fin.
• Serait-ce le moment de sortir d'une situation ? Êtes-vous sur le point de rompre une relation amoureuse ? Examinez ce qu'elle vous a apporté. Assurez-vous d'être prêt à y mettre un terme.
• Êtes-vous à un stade de votre vie où vous perdez vos illusions ou votre foi ? Rappelez-vous que lorsqu'une illusion se brise, vous pouvez alors voir le monde plus clairement et de façon plus authentique. Le désespoir permet de se diriger vers le renouveau et la croissance, tout comme le printemps et l'été suivent l'hiver, chaque année.

Pêche

• Voilà un signe d'optimisme. La vie est belle et bonne pour vous. Vous avez la pêche ! Profitez-en et vivez pleinement.

Pégase

• Voilà un merveilleux signe de liberté et de magie intérieure.
• Votre force prend de l'essor. Envolez-vous très haut !

Pendule

• Un signe d'incertitude. Êtes-vous en train de peser le pour et le contre ? Ressentez-vous le besoin de trouver un équilibre ?
• Cela pourrait vous suggérer de commencer à utiliser un pendule pour deviner ce que votre inconscient recèle.

Pendule / Horloge

• Êtes-vous pris par le temps ? Devriez-vous être plus ponctuel ? Manquez-vous de temps ? En avez-vous perdu la notion ? Quelle est votre relation au temps ? Les mystiques en ont une perception totalement différente de celle des gens ordinaires. Plus vous atteindrez votre centre et toucherez au divin en vous, moins vous vous sentirez lié à des contraintes de temps.

Pénis

• Le pénis est habituellement un signe évident de principe mâle, de pouvoir et de puissance, surtout s'il est en érection. Dans certaines cultures, l'iconographie religieuse du pénis représente l'énergie virile divine qui se disperse dans l'Univers.
• Un pénis dégonflé peut suggérer l'impuissance ou un potentiel non réalisé.
• Ce signe peut également suggérer des souvenirs d'enfance qui refont surface.

Perdu

• Êtes-vous incertain de qui vous êtes et de votre avenir ? Méditez et demandez à être guidé.

Père

• Ce signe peut indiquer Dieu le Père.
• Il peut être un signe de protecteur ou de pourvoyeur. Auriez-vous besoin de vous protéger ou d'être réconforté ?
• Cela peut avoir trait à vos propres aptitudes de père ou à celles de votre père biologique, ou encore à l'image du père. Vérifiez les autres signes qui l'accompagnent.

Périscope

• Un signe de l'observation inconsciente de la réalité. Devriez-vous être plus objectif ? Y a-t-il trop longtemps que vous observez les choses ? Le moment est-il venu de participer à la vie plutôt que de la regarder passer ?
• Si le périscope est dans l'eau, c'est le signe d'observer votre réalité consciente depuis votre moi intuitif.

Perle

• La perle vous représente peut-être. Un grain de sable peut devenir quelque chose de merveilleux. Vous avez le pouvoir de transformer tous les petits irritants de la vie en de la beauté pure.
• Les perles sont associées à la lune, à l'eau et à la coquille, qui sont toutes des symboles du principe féminin de la vie. Voilà un signe qui vous invite à accueillir votre côté féminin. (Ceci est valable autant pour les hommes que pour les femmes.)
• En Chine, la perle représentait le génie dans l'obscurité, puisque cette merveille était cachée dans une épaisse coquille d'huître. Les musulmans la considéraient comme le symbole du ciel. Dans certaines traditions mystiques, la perle représente le véritable centre de la vie.
• Parfois, une perle peut représenter une grossesse ou l'annoncer.

Perroquet

• Le perroquet peut signifier un manque de sincérité, les paroles de quelqu'un répétées sans réfléchir. Est-ce votre cas ? Imitez-vous quelqu'un ? Trouvez votre propre identité et exprimez-la.
• Le perroquet peut aussi représenter la jungle, la couleur, l'expression.

Pétale

• Les pétales qui tombent peuvent représenter la tristesse.
• Retirer les pétales d'une marguerite peut vouloir dire : « Elle/Il m'aime, elle/il ne m'aime pas. »

Peur

• S'il y a plusieurs personnes de votre entourage qui ont peur ou qui expriment leurs craintes, il est fort probable qu'une peur refoulée est sur le point de surgir, même si vous n'en avez pas conscience. Si

quelque chose vous fait peur, affrontez la situation. C'est sans doute la manifestation d'un aspect inconnu de vous-même.
• Si vous vous abstenez de faire quelque chose (parce que la peur vous en empêche), c'est peut-être que votre intuition essaie de vous parler. Écoutez et agissez !

Photographie

• Voilà le signe d'un regard objectif sur une situation. Devriez-vous prendre un peu de recul et mettre les choses en perspective, plutôt que de vous engager directement ?
• Les photos peuvent aussi représenter des souvenirs du passé.

Piano (Voir aussi Instruments de musique)

• Si le piano est désaccordé, vous n'êtes pas en harmonie avec vous-même.
• C'est peut-être un signe d'expression par la musique.

Pièce de monnaie (Voir Argent)

Pièce de théâtre

• C'est vous qui rédigez le scénario de votre vie et il vous incombe de choisir d'en faire partie ou pas. La façon de jouer les rôles ne dépend que de vous.

Pied

• Les pieds vous relient à la terre. Jung dit qu'ils sont directement associés à la réalité terrestre. Si vous vous sentez décentré, marchez pieds nus quelque temps. Cela vous aidera à retrouver votre centre.
• Craignez-vous d'avancer, dans la vie ? Le moment est-il venu de faire le premier pas ?
• Vous sentez-vous embarrassé ? Vous êtes-vous mis les pieds dans le plat ? Auriez-vous blessé quelqu'un sans le vouloir ?
• Les pieds peuvent représenter une nouvelle orientation dans la vie.
• Laver des pieds peut avoir trait à la vénération et à la guérison. On s'assoit aux pieds du maître.

Piédestal

• Vous mettez-vous ou mettez-vous quelqu'un d'autre sur un piédestal ? Ou percevez-vous quelqu'un comme vous étant supérieur ? Cela vous éloigne de votre pouvoir intérieur, car lorsque vous comprenez que vous faites partie du grand tout, rien ne vous est inférieur ni supérieur.

Pieuvre

• Une pieuvre possède huit bras et évoque donc le pouvoir du chiffre huit tout en vous plongeant dans les profondeurs des émotions du subconscient. Par conséquent, il s'agit d'un puissant symbole de transformation. Dans l'art crétois, la pieuvre représente le centre mystique de l'Univers et l'épanouissement de la création.
• Quelqu'un de votre entourage semble-t-il tenace et même envahissant, à votre égard ? Essayez-vous de mener plusieurs projets de front ?
• Les liens que vous entretenez vous empêchent-ils de bouger ?
• La pieuvre est un animal timide et réservé. Êtes-vous timide ? Craignez-vous d'afficher vos vraies couleurs ?

Pilier

• Êtes-vous celui sur lequel les autres comptent ? Devez-vous être le pilier de la collectivité ? Le cas échéant, vous sentez-vous à l'aise dans ce rôle ?
• Un pilier soutient une structure. Recevez-vous l'appui nécessaire ?

Pilule

• Cela peut représenter quelque chose de déplaisant à avaler, à endurer.
• Ce signe peut signaler la guérison.

Piment

• Cela peut être le signe d'émotions vives, ardentes ou stimulantes. Seriez-vous devenu quelqu'un d'ennuyeux ? Auriez-vous besoin de pimenter votre vie ?

Pin

• Le pin nettoie et purifie. Il émet des ions négatifs qui créent une charge électrique apaisante dans l'air. Cela peut signifier qu'il est temps de purger votre organisme et de purifier votre vie.
• Un homonyme de *pain*. Voir ce mot.

Pionnier

• Voici le signe indiquant que de nouveaux aspects de vous-même vont s'épanouir.

Pipe

• Les psychologues associent la pipe à un symbole sexuel représentant le pénis.

Pipeau

• Un instrument de musique correspondant à la joie et à la liberté.

Pirate

• Faites-vous un usage non autorisé du produit, des idées ou de la créativité d'autrui ? Prenez conscience de votre propre autorité et trouvez votre créativité personnelle. Elle existe.

Piscine

• Une piscine a trait à l'intuition et aux profonds royaumes intérieurs.
• Elle peut également suggérer la détente et la santé par l'exercice.

Placard

• Évitez-vous de faire face à qui vous êtes ou cachez-vous votre véritable personnalité ?
• Peut-être venez-vous de « sortir du placard », c'est-à-dire de vous afficher publiquement ? Ou peut-être y a-t-il des « cadavres dans le placard », c'est-à-dire des secrets bien gardés ? Avouez-les, afin de vivre dans la franchise et de vous libérer de vos peurs.

Plage

• La plage représente la frontière entre votre subconscient, c'est-à-dire les émotions symbolisées par l'eau, et votre corps physique. C'est un excellent signe d'équilibre vital.
• La plage purifie et régénère. Allez-y, concrètement ou par la méditation.

Plancher

• Le plancher est votre base, ce qui vous soutient. Notez ses caractéristiques, pour découvrir le sens qu'il a pour vous. Par exemple, s'il est trop glissant pour vous y aventurer, cela peut signifier que vous devriez être prudent, avant de progresser dans la vie.

Planètes

• Les planètes peuvent représenter des corps célestes et l'illumination.
• Les planètes sont la quintessence du rythme de l'Univers. La Terre est associée aux bases et à la nourriture. Mars peut signifier l'agressivité et la passion. Mercure, messager des dieux pour les Grecs, correspond à la communication, à la vitesse et aux changements brusques d'humeur. Neptune était le dieu des eaux, et on l'associe à la médiumnité et au mysticisme. Pluton, bien que petite et concentrée, peut représenter l'éveil spirituel. Saturne peut être sardonique et lente à passer à l'action ; elle a une connotation de froideur. Uranus dénote des aptitudes cachées. Vénus signale la beauté, l'harmonie, la féminité et la douceur.

Planeur

• Un planeur peut vouloir dire que vous allez harmonieusement là où la vie vous porte.

Plastique

• Ce signe a trait à la souplesse et à la capacité d'adaptation.
• Le plastique est artificiel, donc faux. Êtes-vous vraiment sincère ?

Plate-forme

• Aimeriez-vous prendre place sur une scène imaginaire, pour exprimer vos idées ? Vous avez peut-être besoin de déclarer à tous vos croyances et vos convictions ?

Pleurer

• Si vous captez des pleurs autour de vous mais que vous ne vous sentez pas triste, cela peut signaler que vous faites inconsciemment le deuil de quelque chose.
• Les larmes de joie indiquent la résolution d'un problème ou l'abandon d'un comportement qui vous nuisait.

Plomberie (Voir aussi Eau)

• La plomberie de votre maison peut représenter vos émotions. Selon que l'eau refoule ou déborde, il en va de même de vos émotions. Les tuyaux gelés peuvent signaler que vos émotions le sont également. Prenez le temps de vous recentrer, afin de permettre à vos émotions de s'exprimer.

Plonger

• Plonger, c'est fouiller dans le subconscient, surtout ce qui touche les émotions, puisque l'eau les représente.
• Cela peut vouloir dire de prendre contact avec les sources de vos peurs ou la profonde sagesse en vous.
• Plonger peut aussi être un symbole sexuel, l'eau représentant le principe féminin et plonger, la pénétration.

Plume

• Dans de nombreuses cultures autochtones, les plumes établissent le lien entre l'homme et l'Être suprême. Elles symbolisent l'envol de l'âme vers l'au-delà. Les plumes qui composent la parure des Amérindiens leur permettent de communiquer avec le Grand Esprit. Dans l'Égypte ancienne, les plumes représentaient les vents et les dieux créateurs Ptah, Hathor, Osiris et Amon. Dans le christianisme, Saint-Grégoire déclare que les plumes symbolisent la foi et la contemplation et qu'une penne signifie le Verbe (la parole de Dieu). Trouver une plume peut signaler un message important du Créateur.

• Cela peut être le signe de quelque chose de doux ou de léger comme une plume. Entrez dans l'état réceptif de la douceur.
• L'expression « y laisser des plumes » signifie essuyer une perte.

Poche

• Une poche permet de garder des choses en sécurité. Elle peut contenir quelque chose de valeur. Elle sert de réceptacle, de contenant. Prenez-vous soin de vos objets de valeur ?

Poison

• Le signe de quelque chose de destructif ou de nocif. Le plus souvent, cela concerne un comportement, une crainte ou un jugement. Est-ce que quelqu'un ou quelque chose vous empoisonne la vie ? Faites l'affirmation suivante : « Tout ce que je prends dans ma vie me renforce et me soutient. »

Poisson

• Symbole spirituel traditionnel du christianisme. Au sens spirituel, le poisson peut représenter la nourriture de l'âme, le renouveau et la renaissance.
• Comme le poisson nage dans l'eau, qui symbolise habituellement les émotions ou la conscience, il a été associé à l'accomplissement psychique au plus profond niveau des émotions inconscientes.
• Pour les anciens Babyloniens, Phéniciens, Assyriens et Chinois, le poisson est associé à la fécondité spirituelle en raison du grand nombre d'œufs qu'il produit. Le poisson était un symbole de fertilité.
• Êtes-vous « comme un poisson dans l'eau », c'est-à-dire parfaitement à votre aise dans un domaine de compétences ?
• Le poisson est aussi associé au signe astrologique des Poissons, sensible, réceptif et intuitif. Les personnes nées sous ce signe vivent au royaume des rêves et de la spiritualité. Connaissez-vous quelqu'un de ce signe, qui est ou a été important pour vous ? Ce signe peut vous fournir des renseignements sur votre relation avec cette personne.

Poitrine

• La poitrine symbolise les trésors intérieurs, le potentiel en vous que vous ignorez encore peut-être.

• Ce signe peut aussi avoir trait à votre chakra du cœur (le centre d'énergie de l'amour). Devriez-vous ouvrir votre cœur à l'amour ?

Poitrine / Seins

• Les seins peuvent symboliser l'amour inconditionnel et le réconfort, comme la mère universelle.

Poker

• Jouez-vous avec quelque chose que vous ne pouvez pas vous permettre de perdre ? À moins de protéger votre mise ou de ne miser que sur quelque chose de sûr, ce n'est pas le bon moment de prendre des risques.

Police (Voir aussi Agent)

• Cela peut indiquer qu'on vous protège et qu'on vous guide. Vous serez aidé. Vous obtiendrez toute la protection nécessaire.
• C'est peut-être un signe de culpabilité. Craignez-vous qu'on découvre votre secret ? Avez-vous commis un écart de conduite, devant la loi ou moralement ? Y a-t-il une situation illégale dont vous vous sentez coupable ? Avez-vous quelque chose sur la conscience qui vous fait craindre d'être puni ? Personne ne peut prétendre n'avoir jamais rien fait d'immoral ou d'illégal, et de tels gens, s'ils existaient, seraient parfaitement ennuyeux. Cessez vos activités illégales. Ou alors, cessez de vous en sentir coupable et assumez la responsabilité de vos actes. La culpabilité est une façon de ne pas se sentir responsable de ses actes et de ne pas en assumer la responsabilité.

Pollution

• C'est peut-être un signe de stagnation interne. Envisagez de faire un jeûne.

Pomme

• La pomme est le signe d'un potentiel de guérison, de plénitude, de santé et de vitalité.
• Elle peut aussi représenter la tentation, comme pour Ève dans le jardin d'Éden.

Pompe

• Votre énergie vitale est gonflée à bloc !
• Ce peut être un signe de puissance sexuelle.
• L'eau qui s'écoule librement dans une pompe indique une bonne circulation des émotions. Pomper de l'eau sans succès signale des contraintes émotives. Amorcer une pompe annonce une belle occasion à venir.

Pont

• Un pont peut être un signe puissant de changement et de transition. Vous allez d'une expérience à l'autre. Cela peut annoncer un nouvel emploi, une nouvelle relation, une nouvelle maison, une nouvelle orientation professionnelle ou tout autre changement qui vous fait évoluer vers un nouveau stade de votre vie. Un pont pourrait aussi représenter un changement dans votre perception de la réalité.
• S'il enjambe un cours d'eau, il peut symboliser une transition sur le plan émotif.

Pop-corn

• Le maïs éclaté (*pop-corn*) peut indiquer une grande créativité et de nouvelles idées sur le point de se manifester. Attention, ça va éclater !
• Du *pop-corn* desséché peut signaler une issue qui vous décevra.

Porc-épic

• Vivez-vous une situation épineuse ? Ou souhaitez-vous rester à l'écart de quelqu'un ou de quelque chose ?

Porche

• Une extension de vous-même, un ajout.
• Il s'agit de quelque chose ne faisant pas partie de votre nature, mais que vous considérez comme ayant un rapport avec vous.

Porridge

• Le porridge est un plat chaud et réconfortant. Il peut symboliser des souvenirs d'enfance. Le moment est venu de retrouver l'enfant en vous et de le laisser s'exprimer.

Port

• Un port peut être un signe de sécurité émotive, un refuge contre un problème particulier ou une situation difficile. Prenez note de la nature de l'eau. Est-elle tumultueuse, claire, trouble ? La nature de l'eau peut vous aider à comprendre vos préoccupations et vos émotions.

Portail

• Un portail sert d'entrée dans un royaume. Il peut symboliser de nouvelles possibilités.
• Ce signe peut aussi symboliser les portes du paradis.

Porte

• Symbole de grande importance. Une porte peut signaler une belle occasion de partir à l'aventure ou de vous découvrir davantage. Une porte ouverte indique que vous êtes prêt, mais si elle est fermée, il vaut mieux attendre encore un peu.
• Une porte peut signifier que vous entrez dans une nouvelle étape de votre vie.

Porto

• Le porto peut représenter du bon vin et, par conséquent, représenter du plaisir avec vos amis. Prenez le temps d'apprécier les plaisirs raffinés, de profiter pleinement de la vie. Vivez passionnément.

Portrait

• Ce signe a trait à votre perception de vous-même ou à celle que les autres ont de vous, mais il ne s'agit pas nécessairement de votre vraie nature.

Poterie

• Ce signe a trait à la structure de votre vie, à vos comportements et à vos croyances. Vous avez le pouvoir de modeler votre vie de manière qu'elle soit stimulante et créative.

Poule

• C'est le signe de l'instinct domestique, du nid. C'est peut-être le moment de transformer votre maison en havre de paix chaleureux et confortable.

Poulet

• Quand on dit d'une personne que c'est une « poule mouillée », cela signifie qu'elle est peureuse, lâche, qu'elle manque d'assurance ou qu'elle est timide. Vous trouvez-vous en situation délicate ? Réunissez vos ressources intérieures et faites appel à vos guides. Vous n'êtes pas seul. Vos esprits guides sont là pour vous aider.
• Y aurait-il un coq dans la basse-cour ? Subissez-vous la domination de quelqu'un ?

Poumons

• Les poumons représentent le souffle de vie et la capacité d'absorber la force vitale, ainsi que la prise en main de votre vie. Vivez-vous pleinement ?
• Les poumons sont souvent associés au deuil. Avez-vous un deuil à faire ? Il vaut mieux le vivre, plutôt que de refouler votre chagrin.
• Auriez-vous besoin de plus d'espace vital, en ce moment ?

Poursuite

• Que fuyez-vous ? À quoi avez-vous peur de faire face ?
• Quel but poursuivez-vous ? Est-ce vraiment ce que vous voulez ? Prenez-vous les bonnes mesures pour réaliser vos véritables désirs ?

Pot

• Empoter une plante consiste à la placer dans un pot afin qu'elle y prenne racine et croisse. Si vous travaillez à un projet, le moment est venu d'amorcer son évolution. Il se peut toutefois que cela prenne du temps.
• Le « pot » signifie aussi la marijuana et indique un autre degré de conscience. Comptez-vous sur la stimulation extérieure plutôt que sur vos ressources intérieures ?

Pouce

• Le pouce en l'air peut signifier d'aller de l'avant en toute sécurité. Si le pouce est tourné vers le bas, ce n'est pas le moment.

Poussière

• Tout ce qui est recouvert de poussière n'a pas servi depuis longtemps ou a été oublié. Y a-t-il quelque chose en vous qui n'a pas été touché ou qui représente une partie oubliée de vous-même ?

Pré

• Un pré est un sanctuaire de beauté et d'harmonie spirituelle. Un lieu de repos qui ressource et réconforte. Ce peut aussi être un royaume magique où vivent des fées et des licornes. Créez un sanctuaire intérieur en imaginant que vous êtes fort et en santé, tandis que vous marchez dans le pré.

Président

• Ce signe peut indiquer que vous êtes votre propre chef. C'est peut-être un signe de contrôle et de leadership. Le moment est venu de reprendre la maîtrise de votre vie.

Prince

• Un prince peut signifier la partie masculine la plus divine en vous. Même si vous êtes une femme, vous possédez une énergie masculine. Ce signe peut vous indiquer d'accéder à votre masculinité divine.

Princesse

• Une princesse peut représenter la partie féminine la plus divine en vous. Même si vous êtes un homme, vous possédez une énergie féminine. Ce signe peut vous indiquer d'accéder à votre féminité divine.

Prison

• Vous sentez-vous enfermé ? Êtes-vous sous le joug de quelqu'un, plutôt que le maître de votre destinée ? Faites l'affirmation suivante : « Je suis libre et épanoui dans tous les aspects de ma vie. »

• Ce signe peut avoir trait à l'emprisonnement que vous vous imposez vous-même. La clé se trouve en vous. La seule personne qui puisse emprisonner votre esprit, c'est vous.

Profondeurs

• Tout ce qui est profond, que ce soit un puits, un trou dans la terre, le fond de la mer ou le sous-sol, peut représenter votre subconscient. Notez ce que vous associez aux profondeurs. Sagesse, peur ou pouvoir intérieur ?

Prostitué

• Est-ce que vous vous prostituez, ou utilisez votre énergie de manière inappropriée ?
• Cela peut aussi être indiquer l'épuisement latent d'une énergie sexuelle.
• Êtes-vous trop prude ? Le moment serait-il venu de laisser votre sensualité s'épanouir ?

Pruneau

• Avez-vous l'impression d'être flétri, d'avoir perdu toute votre énergie .

Punaise de lit

• La punaise de lit représente quelque chose de déplaisant qui est dissimulé, un léger agacement.

Pyramide

• Un symbole d'initiation. Vous avez accédé à un nouveau niveau de conscience, de compréhension de vous-même. La pyramide est également un puissant symbole d'unité et d'harmonie intérieure.
• Vous êtes prêt à être guidé par des énergies supérieures et par votre moi supérieur.

Python

• Ce signe, comme pour tous les autres serpents, symbolise la force latente en vous, de la même façon que le caducée (les deux serpents entrelacés) représente le soutien de la vie.

Quaker

• Les membres de cette secte représentent habituellement l'équilibre et la paix, ainsi que l'unité et l'harmonie familiales. Sentez-vous le besoin d'appartenir à une société amicale paisible ?

Quarantaine

• Vous sentez-vous isolé ou mis à l'écart ? C'est peut-être le signe que vous n'êtes pas en contact avec votre véritable nature.

Quartz

• Symbolise une vision claire et l'harmonie spirituelle. La transparence et la structure naturelle du cristal de quartz ont contribué à faire de cette merveilleuse pierre un outil d'harmonie spirituelle pour les mystiques et les chamans depuis des temps très reculés. En dehors de sa beauté, le cristal de quartz recèle des qualités piézo-électriques favorisant la méditation et le voyage intérieur. Le cristal possède la capacité physique de transmettre et de magnifier l'énergie. La composante de base du quartz (la silice) est le matériau utilisé pour fabriquer les puces de silicone servant à la transmission de l'impulsion électrique dans les ordinateurs. Le quartz peut être un puissant signe qui vous invite à soigner votre cheminement spirituel et à concentrer votre énergie spirituelle.

Quatre (Voir aussi Chiffres)

• Dans de nombreuses cultures anciennes, le chiffre quatre représente l'Univers tout entier. Le quatre est un chiffre d'unité. La médecine amérindienne est basée sur les quatre éléments (air, eau, feu et terre) et les quatre points cardinaux. La croix et ses quatre directions était un symbole de totalité, avant l'ère chrétienne.
• Le quatre peut être le signe des quatre quadrants de votre être : mental, émotif, physique et spirituel. Si le quatre vous apparaît

souvent, c'est le signe d'un équilibre dans tous les aspects de vous-même.

Querelle

• Certaines parties de vous-même sont en conflit. Trouvez un compromis intérieur en vertu duquel toutes les parties seront entendues, reconnues et assimilées.
• Parfois, les querelles sont salutaires. Avez-vous un grief à formuler ?
• Si des querelles se produisent dans votre entourage, même si vous n'y êtes pas mêlé, cela indique que certains aspects de vous-même sont en conflit. Pour résoudre ces contradictions, il est utile d'imaginer que ces différentes parties sont des personnages. Faites-les discuter ensemble jusqu'à ce qu'ils trouvent un compromis.

Quête

• Cela correspond généralement à un cheminement spirituel. Avez-vous un ardent désir de spiritualité ? Rappelez-vous que les réponses sont en vous. La quête intérieure recèle autant de pouvoir que la quête extérieure.

Rames

• Les rames peuvent signifier se sentir maître de soi, même en cas de déséquilibre émotif. Un bateau dépourvu de rames signale que vous allez à la dérive, aux prises avec un dilemme émotif.

Rapide

• Allez-vous trop vite, ou êtes-vous en train de perdre le contrôle de votre vie ? Ralentissez et admirez le paysage.
• Vivre à cent à l'heure signifie avoir un rythme de vie trépidant. Votre rythme actuel vous convient-il, ou serait-ce le moment de freiner un peu la cadence ?
• Les rapides sont une partie d'un cours d'eau où le courant est agité, tumultueux. Cela correspond-il à votre vie, présentement ?

Rapt

• Avez-vous l'impression de n'avoir aucun contrôle sur une situation et d'être victime des circonstances ? Avez-vous perdu la maîtrise d'un aspect de votre vie ? Évaluez vos forces et ne sous-estimez jamais votre pouvoir intérieur.

Raser

• Vous raser, c'est prendre soin de vous et rehausser votre opinion de vous-même.
• Les moines se rasent la tête en signe d'humilité et de renonciation au monde. Sentez-vous le besoin de vous retirer en vous-même pour réfléchir ?

Religieuse

• Cela peut être le signe de ramener vos énergies vers l'intérieur et de vous isoler du monde matériel.
• Ce signe peut également indiquer de viser la communion spirituelle par le célibat et le renoncement.

Reine

• Signe de votre pouvoir féminin et de votre autorité. Même si vous êtes un homme, vous possédez une énergie féminine. Serait-ce le moment de rendre hommage à la déesse en vous et de prendre possession de son pouvoir ? Ce signe est plus puissant que celui de la « princesse ». Il s'agit de la sagesse de la femme et non de la pureté de la jeune fille.
• Une personne de votre entourage a-t-elle un comportement dominateur ? Ou vous montrez-vous hautain et dominateur envers les autres ? N'oubliez pas que tous vos liens cosmiques sont interconnectés. Vous êtes peut-être au premier rang aujourd'hui, mais qui sait si vous ne vous retrouverez pas au dernier demain (ou dans une autre vie) ? Par conséquent, il est très important de traiter tous les êtres humains avec respect et dignité.

Reins

• Les reins peuvent être le symbole de la peur, de la déception ou de la critique. Faites l'affirmation suivante : « J'ai du courage, j'ai de la force et j'ai confiance en moi à chaque instant. »

• En médecine chinoise, les reins renferment le *chi* (l'énergie). Êtes-vous en train de le perdre ? Devriez-vous consulter un médecin pour un examen des reins ?

Renard

• Dans la nature, le renard sait ne pas se faire repérer. Il est connu pour être vif, rusé et astucieux. Êtes-vous plus futé que d'autres ? Quelqu'un est-il plus rusé que vous ?

Retard

• Le moment est mal choisi. Vous devez changer de stratégie et revoir vos plans ou attendre à plus tard.

Révolution

• Certains aspects de vous-même seraient-ils en conflit ? Habituellement, ce genre de signe annonce une période de changement. Prenez le temps d'aller à la découverte des différentes facettes de vous-même, afin d'en prendre conscience. Vous trouverez la solution à votre révolte interne si vous arrivez à comprendre ce dont chaque partie de vous-même a besoin. Par exemple, une partie de vous désire peut-être vivre dans l'insouciance et le moment présent, tandis qu'une autre souhaite la stabilité et la sécurité. Si vous niez ou jugez une part de vous-même, celle-ci se révoltera et vous causera des ennuis physiques ou émotifs. Trouvez un compromis afin de vous permettre des moments de grande insouciance tout en conservant des bases stables.

Rire

• Le rire franc recèle un grand pouvoir de guérison. Ne prenez pas la vie trop au sérieux. Riez de vous-même. La vie ne doit pas être un combat.

Robinet

• L'eau représente habituellement vos émotions. Par conséquent, un robinet qui fuit indique de l'énergie émotive qui s'échappe. Un robinet bloqué peut signifier que vous peinez à accéder à vos émotions. Un robinet rouillé peut indiquer que vous n'êtes pas en contact avec vos émotions.

Robot

• Des gens de votre entourage vous semblent-ils froids, distants, sans émotions ? Vous sentez-vous débranché des vôtres ? Faites l'affirmation suivante : « J'exprime mes émotions facilement et je les accepte. »

Roi

• Un roi signifie souvent le pouvoir et la majesté. Le moment est venu d'accéder à votre propre noblesse. Cela peut avoir trait à Dieu, le roi des rois.
• À certains égards, le roi représente l'archétype de l'homme, l'expression mâle de la gouvernance. Le couronnement d'un roi est le summum de la réalisation, et un roi peut donc représenter l'essence masculine ultime en chacun de nous.
• Cela peut aussi être un signe d'autorité, de responsabilité personnelle, de prise en charge de notre propre vie. Le moment est venu d'affirmer votre pouvoir.
• Une personne de votre entourage vous traite-t-elle avec arrogance ?

Rouge

• Le rouge est une couleur puissante qui symbolise la passion, la force physique, la colère, la sexualité, la sensualité, l'agression et le danger. C'est aussi la couleur du sang et c'est pourquoi elle obtient la faveur de certaines cultures. Les Chinois peignent leurs étendards en rouge comme des talismans. La Déesse-Mère en Inde est peinte en rouge car elle est associée à la création ; le rouge symbolise la vie et la création, en raison de l'enfant qui naît dans le sang. Même dans la préhistoire, on associait le rouge à la vie et on imprégnait de sang les objets qu'on souhaitait ranimer.

Route

• La route représente où vous allez dans la vie. Soyez très attentif à ce signe. Le chemin est-il rocailleux, sinueux, en ligne droite ? Est-il en pente ? Vers le haut ou vers le bas ? La visibilité est-elle bonne ? Cela représente votre destinée. Surveillez si la route comporte des fourches, car les carrefours symbolisent de graves décisions à prendre. L'état de la route suggère la façon dont se déroule votre vie présentement. Faites l'affirmation suivante : « Ma destinée se poursuit facilement et sans effort de ma part, et cela, à chaque instant. »

Ruelle

• Bien qu'elles soient parfois charmantes et joliment pavées, les ruelles sont généralement jonchées de poubelles, sombres, étroites et sales. Elles sont l'envers du décor. Y a-t-il un aspect de votre vie qui aurait besoin d'un bon ménage et d'être assimilé ? Avez-vous l'impression de ne pas correspondre à l'image que vous projetez ? Avez-vous honte de quelque chose dont vous n'avez jamais parlé ?

Sables mouvants

• Ce signe indique la peur et le sentiment que le sol se dérobe sous vos pieds. Dans ce cas, la première chose à faire consiste à rester immobile. Cessez de lutter. Élargissez vos horizons, agrandissez la perspective. Il y a une issue à vos difficultés. Plutôt que de vous débattre dans les sables mouvants, faites corps avec eux, et la solution apparaîtra.

Saint

• Le signe de ce qui est saint, sacré ou divin en vous et dans la vie. C'est le signe de la force divine en vous.
• Ce symbole est habituellement associé à un message de votre ange gardien ou de votre moi supérieur. Écoutez attentivement les messages entourant ce signe.

Saleté

• La saleté peut signaler que vous devriez nettoyer un aspect de votre vie. Si vous vous sentez sale même lorsque vous ne l'êtes pas, c'est souvent l'indication d'un sentiment de culpabilité. Regardez-y de plus près et trouvez le moyen de guérir et d'accepter votre honte.

Sang

• Le sang symbolise plusieurs choses qui semblent opposées les unes aux autres. Choisissez la définition qui correspond le mieux à ce que vous ressentez. Examinez votre propre réaction aux signes.

• Un signe de force vitale, de dynamisme, de puissance et d'énergie. Le flux énergétique circule librement dans votre corps et dans votre vie.
• Un signe d'émotions violentes, de passion, en particulier la rage ou l'amour.
• Un signe de défloration chez la jeune fille ou de transformation de l'adolescente en jeune femme. Parfois un signe qui ravive des souvenirs d'une expérience sexuelle de l'enfance, enfouis dans le subconscient.
• Un signe puissant de renouvellement de la vie. Chez la femme, les cycles intérieurs sont souvent symbolisés par ses saignements menstruels.
• Un signe que votre force vitale ou votre énergie s'étiole. Vous sentez-vous drainé ?
• Un signe de douleur, de souffrance et de blessure. Êtes-vous très malheureux ? Souffrez-vous beaucoup ? Êtes-vous blessé ou avez-vous blessé quelqu'un ?
• Sucer du sang peut indiquer que quelqu'un profite de vous.
• Les frères de sang représentent l'unité et la solidarité.
• Le sang du Christ est un sacrifice sacré.

Sanglier

• Ce signe correspond à l'agressivité primitive, puissante et féroce du sanglier sauvage.
• Le sanglier s'apparente au cochon, dont on qualifie souvent quelqu'un de sale ou qui mange de façon gloutonne.

Sangsue

• Avez-vous l'impression que quelque chose vous vide de votre énergie ? Ou profitez-vous de quelqu'un en le parasitant ?

Sauter

• Avez-vous de nouveaux projets ? Vérifiez les autres signes, pour vous assurer que c'est une bonne idée. Autrement dit, regardez, avant de sauter.

Sauveteur (Voir aussi Eau)

• Un sauveteur peut symboliser du réconfort tandis que vous traversez une crise émotionnelle, ou il peut signifier qu'il n'y a aucun risque à exprimer vos émotions librement.

Scarabée

• Le scarabée peut être un signe de chance. Dans l'Égypte ancienne, il représentait la vie éternelle.

Sentier

• Cela peut vous indiquer la voie à suivre. Prenez note de la largeur, de la direction et de la forme du sentier. S'il est étroit, ascendant et en ligne droite, vous faites des progrès. Vous êtes en harmonie avec vos objectifs et sur la bonne voie. Un sentier sinueux peut signifier que vous errez sans trop savoir où vous allez. Faites l'affirmation suivante : « Quelle que soit la direction que je prenne, je sais que je suis guidé pour mon plus grand bien. »

Serrure

• Cela peut signifier que la solution est proche ou qu'une nouvelle orientation se dessine, mais que vous n'y êtes pas encore. Envisagez-vous des possibilités d'avenir, ou observez-vous une situation ou une personne à distance.

Sexe

• Si vous entendez des allusions grivoises autour de vous ou voyez des signes à caractère sexuel, c'est peut-être le reflet d'une énergie sexuelle inconsciente qui couve. Votre libido est à la hausse. Si vous constatez qu'on s'intéresse à vous sexuellement et que vous n'êtes pas, du moins en apparence, intéressé, il est possible que vous émettiez des signaux sexuels inconscients. Prenez le temps d'écouter votre sagesse intérieure, pour découvrir la source de ces signes. Écoutez votre petite voix, pour savoir ce que vous voulez vraiment.

Singe

• Un singe peut vouloir dire que vous imitez les autres plutôt que de trouver votre propre vérité. Craignez-vous d'exprimer ce que vous êtes et de vivre votre propre réalité ?
• Le singe peut signifier le pouvoir primaire. Désirez-vous affirmer votre force avec puissance ?
• Voilà un signe qui vous invite à être moins rigoureux avec vous-même, à libérer votre côté sauvage, insouciant et espiègle. Permettez-vous de faire l'idiot et d'être spontané. Amusez-vous ! Ne prenez pas la vie avec autant de sérieux.
• Quand on dit qu'une personne en singe une autre, c'est qu'elle l'imite. Est-ce votre cas ? Il peut être utile de prendre quelqu'un pour modèle, mais il faut éventuellement trouver sa propre voie et la suivre, même si elle ne correspond pas aux normes établies.

Sirène

• Cela peut être un signe de communion magique et spirituelle avec la mer, ainsi qu'avec vos émotions, les profondeurs de votre être et votre subconscient.
• Vous sentez-vous tenté ou attiré par quelqu'un d'inaccessible ?

Sirop

• Êtes-vous trop mièvre, trop sentimental, à la façon d'une musique sirupeuse ? Est-ce que quelqu'un vous flatte trop ? Prenez garde à la flatterie et aux gens non sincères. Soyez vous-même clair dans vos communications avec les autres.

Soleil

• Le soleil peut être le signe de la source de toutes choses. Dans de nombreuses cultures à travers le monde, le soleil est le symbole de Dieu, du Grand Esprit, du Christ et du divin à l'intérieur de soi.
• Ce peut être un signe de pouvoir, de courage et de clarté, ainsi que de votre propre lumière intérieure.
• On croyait que le soleil était l'aspect masculin de l'esprit parce qu'il représente une énergie qui se projette, tandis que la lune symbolise l'aspect féminin en raison de son caractère réceptif. Si le soleil vous apparaît en signe, c'est que le moment est venu de vous servir de votre

énergie pour aller de l'avant ! Les signes annoncent que vous allez réussir.

Sou (Voir également Argent)

- Cela peut correspondre à quelque chose de peu de valeur.

Sourd

- Qu'est-ce que vous ne voulez pas entendre ? Pourquoi ? Ouvrez les oreilles et votre cœur.

Souris

- Cela peut être un signe de témérité et de crainte.
- Ressentez-vous un besoin de calme ? Êtes-vous trop calme ? Vous cachez-vous dans un petit trou ? Serait-ce le moment de faire savoir aux autres qui vous êtes ?
- Les souris sont associées aux petits détails de la vie, auxquels il faut porter attention. Occupez-vous de ces détails, et les choses plus importantes s'arrangeront d'elles-mêmes.

Sous-sol / Cave

- Très souvent, la maison symbolise le corps, le grenier étant associé aux aspirations les plus hautes et le sous-sol représentant les centres d'énergie de base. Comme les sous-sols sont souvent sombres et enfouis dans la terre, ils peuvent représenter la partie la plus profonde de votre subconscient. Il est très utile de l'explorer. Les sentiments que vous avez refoulés ou oubliés, comme la culpabilité, la honte ou la peur, expliquent souvent votre comportement, une fois qu'ils sont mis au grand jour. Il est alors bon de les comprendre, avant de les libérer. Le moment est peut-être venu.
- Un sous-sol peut représenter la base ou la source d'un problème. Prêtez attention aux signes qui l'accompagnent.

Stylo

- Ce signe est une invitation à vous exprimer avec fluidité. C'est peut-être le moment de prendre une plume et du papier pour écrire à quelqu'un ou pour exprimer vos pensées.

Sucreries

• Êtes-vous prêt à accueillir les petites douceurs que la vie vous offre ? Ayez du respect pour vous-même en prenant le temps de vous dorloter un peu tous les jours.

Suicide

• Ceci est un avertissement. Ne renoncez pas à la vie. Sachez que rien n'est à votre épreuve, que vous êtes capable de tout. Vous n'êtes pas seul. Vous pouvez toujours obtenir de l'aide de vos royaumes intérieurs. Priez. Demandez de l'aide. Parlez à ceux qui vous entourent. Vous êtes capable de le faire.
• Le suicide peut parfois signifier que vous désirez tuer certains aspects de vous-même. Mais plutôt que d'éliminer ce que vous n'aimez pas en vous, ayez de la compassion. Intégrez ces parties de vous au reste de votre personnalité, plutôt que de les détruire.

Surrénales

• Les glandes surrénales sont activées durant l'excitation ou lors d'une crise d'angoisse quand une décharge d'adrénaline se produit. Épuisez-vous vos surrénales parce que vous êtes anxieux ou stressé ?
• Ce signe peut aussi signifier que vous regroupez vos forces en vue d'un recommencement.

Svastika

• On retrouve ce symbole dans presque toutes les cultures anciennes, que les branches coudées de la croix soient orientées vers la droite ou vers la gauche. On le trouve dans les traditions indonésiennes, asiatiques, celtiques, vikings, amérindiennes, précolombiennes et germaniques. Il a été découvert dans des catacombes chrétiennes, en Irlande, en Bretagne, à Mycènes, en Gascogne et chez les Étrusques. Hitler a abusé de ce symbole (la croix gammée nazie), devant signifier les aspects féminin et masculin de Dieu. Dans le sens des aiguilles d'une montre, il représente les aspects masculins de la divinité ; et dans le sens inverse, les aspects féminins. Il a également été le symbole de la création de l'Univers en action, à cause de ses bras qui tournent.

Table

• Mettez cartes sur table afin que les autres sachent exactement ce que vous pensez.

Talon

• Est-ce que quelqu'un vous talonne constamment ?

Tambour

• Un signe puissant de connexion avec vos rythmes intérieurs. Les peuples des tribus anciennes croyaient que les tambours étaient sacrés et vivants. Le tambour renferme la puissance du pouls de la vie. Pour les Amérindiens, le sorcier pouvait accéder au royaume des esprits au rythme de la vibration du tambour, puis entrer en transe.
• Serait-ce le moment de suivre le rythme de votre propre tambour ?

Tante

• La tante représente les aspects féminins du soi. Les qualités que vous prêtez à l'une de vos tantes pourraient représenter des aspects de vous-même. Ce signe peut aussi avoir trait à la personne en question.

Tapisserie

• Chaque coin de la tapisserie représente une différente partie de vous-même. La tapisserie symbolise le tissage complexe de votre vie.

Tarte

• La rondeur de la tarte suggère l'unité combinée à quelque chose de nourrissant. Une tarte symbolise une entité pouvant être partagée.

Taupe

• Y a-t-il quelque chose de caché sous la surface, que vous ne voulez pas que les autres voient ? Faites l'affirmation suivante : « Je suis parfait tel que je suis, et je suis un miracle unique de la Création. »

Taureau

• Un taureau peut signifier une grande énergie, la puissance. Soyez efficace et faites le nécessaire. Vous possédez toute la force requise pour foncer.
• L'expression « prendre le taureau par les cornes » signifie attaquer les difficultés de front.
• Un signe optimiste concernant vos finances.
• Dans la mythologie, le taureau était un signe de fertilité, la pénétration du masculin dans le féminin.
• En astrologie, le Taureau est tenace, sensuel, terre à terre et pratique. Auriez-vous intérêt à développer davantage ces qualités ? Une personne du signe du Taureau a-t-elle de l'importance pour vous, présentement ? Examinez les autres signes qui l'accompagnent.

Taxe

• Vous taxe-t-on de quelque chose ?
• Cela peut être le signe évident de mettre un peu d'ordre dans vos finances.

Télégramme

• Attendez-vous à un message de quelqu'un de très loin.

Téléphone

• Un téléphone qui sonne peut indiquer que quelqu'un tente d'obtenir votre attention ou que votre subconscient a quelque chose à vous dire.
• Si vous hésitez à répondre, cela peut signaler la présence dans votre subconscient de messages cachés que vous ne souhaitez pas entendre. Y a-t-il des personnes avec lesquelles vous ne voulez pas parler ? Affrontez vos peurs. Vous devez vous réconcilier avec celles-ci, sinon votre vitalité en souffrira.

Télescope

• Vous observez peut-être une situation de loin, mais n'en connaissez pas tous les détails.

Tempête

• Une tempête peut signaler un conflit intérieur. Elle peut aussi indiquer qu'une situation se clarifie.

Tempête de neige (Voir aussi Eau)

• Une tempête de neige peut annoncer de grandes perturbations sur le plan émotif.

Temple

• Aux temps anciens, le temple était l'intersection ou la division entre les cieux et le monde terrestre. En fait, on croyait qu'un temple terrestre représentait un temple céleste. Si ce signe vous apparaît, prenez le temps d'établir un temple intérieur ou un sanctuaire en vous-même.

Tendon d'Achille

• Ce signe symbolise traditionnellement la vulnérabilité. Vous sentez-vous très vulnérable dans un aspect de votre vie en particulier ?

Tente

• Toute structure dans laquelle quelqu'un habite représente habituellement le moi. Une tente peut représenter un sentiment de non-permanence à l'intérieur de vous. Avez-vous l'impression d'être seulement de passage dans votre propre vie ? Votre image de vous-même est-elle cohérente ? Faites l'affirmation suivante : « Je suis ma propre demeure, quelles que soient les circonstances extérieures et l'endroit où je me trouve. »
• Cela peut également vouloir dire de partir en camping, de vous évader dans la nature.

Terre

• Notre mère la Terre est le principe féminin, réceptif et régénérant de l'Univers. La terre peut représenter votre côté sensuel et proche de la nature. Devriez-vous être plus terre à terre ? Passez du temps dans votre jardin. Marchez pieds nus. Rendez hommage à l'esprit vivant de la terre.

• La terre peut être associée à la partie physique de vous-même. La terre donne forme à l'esprit.

Tête

• La tête peut vouloir dire être en tête du peloton.
• La tête est aussi associée à l'intellect. Prenez-vous le temps nécessaire pour réfléchir et analyser la situation ?

Thé

• Un signe d'amitié et de détente.

Toile d'araignée

• La toile d'araignée peut être associée à des souvenirs occultés ou à des talents inutilisés. Avez-vous l'impression que certaines de vos aptitudes dorment en vous ?
• Êtes-vous pris dans les filets de quelqu'un ? Êtes-vous pris au piège ?
• Vous sentez-vous emmêlé dans une situation ? Prenez garde au piège de la déception.
• Les Amérindiens ont plusieurs traditions relatives à l'araignée et à sa toile. On dit que la grand-mère araignée a offert le feu en cadeau au peuple. Elle l'a apporté depuis l'autre côté du monde dans son panier tissé. Certains disent qu'elle a tissé les fils de la toile qui allait constituer les bases de la terre. D'autres traditions prétendent que ses fils sont ceux de la vie. La toile d'araignée ressemble à la vie. Le moment est venu de reconstituer la toile de votre vie. Vous êtes à la fois le tisserand et la toile.

Tombe

• Ce signe peut représenter la mort et la renaissance. Rappelez-vous que chaque fois que quelque chose meurt, cela permet à autre chose de naître. Cela peut aussi être le signe d'ennuis créés par votre propre faute. Par exemple, l'expression « creuser sa tombe avec les dents » signifie risquer sa vie en se nourrissant trop ou mal.

Tomber

• Lorsqu'on apprend à marcher, on commence par tomber. Si vous êtes en terrain glissant à l'égard d'une situation ou en cheminement personnel et que vous manquez d'assurance, des signes de chute se manifesteront. Consentir à risquer quelque chose de nouveau ou à avancer en terrain inconnu peut vous aider à réussir. Il faut souvent prendre des risques et échouer, avant de réussir. Osez prendre des risques.
• Tomber peut indiquer un sentiment de perte de contrôle, une incapacité à maîtriser les événements. Le cas échéant, trouvez un aspect de votre vie où vous vous sentez à l'aise et appliquez vos compétences dans ce domaine, afin de vous aider à reprendre la maîtrise de l'ensemble.
• « Tomber amoureux », « tomber malade », « tomber à la renverse » sont des expressions qui font partie du langage courant. Est-ce que l'une ou l'autre renfermerait un signe à votre intention ?

Tournesol

• Un signe important de joie. Vous accueillez la vie à bras ouverts, dans toute sa splendeur.

Transpirer

• Cela indique peut-être que vous avez peur ou que vous êtes anxieux. Quelque chose ou quelqu'un vous rend-il nerveux ou craintif ?
• Ce signe renvoie au surmenage. Vous êtes-vous surmené, récemment ? Devriez-vous ralentir et travailler mieux, plutôt que plus ?

Tremblement de terre

• Ce signe annonce un grand changement. Vos propres fondements sont peut-être sur le point d'être ébranlés. Avez-vous peur d'un changement en cours ? Même si c'est parfois inconfortable, le changement transforme et permet de grandir.
• Cela peut aussi annoncer un tremblement de terre imminent, surtout si vous habitez une zone sensible. Faites des provisions. Êtes-vous prêt, en cas de catastrophe ? Sinon, faites le nécessaire.

Tricoter

• Tricoter signifie nouer des idées et des thèmes de vie ensemble. Êtes-vous en train d'unifier différents aspects de votre vie ? Si le tricot se défait, avez-vous l'impression qu'une situation se détériore ?
• Tricoter peut être un merveilleux signe de paix dans votre demeure. Votre maison sera bénie par le confort et la paix.
• Cela peut aussi être un signe de réparation, de réconciliation. On dit familièrement des membres d'une famille unie qu'ils sont « tricotés serrés ».

Trou (Voir aussi Abysse)

• Le trou représente les ténèbres de l'âme. Le moment est venu d'élever votre esprit. Changez d'attitude et observez qui vous êtes en mettant les choses en perspective. Si le signe indique le bord d'un trou, il est temps de réévaluer le sens de votre vie.
• Un signe important. Un trou peut signaler une partie sombre de vous que vous n'assumez pas ou à laquelle vous ne faites pas face. Toutefois, il peut signifier aussi une ouverture entre deux royaumes. De là la vénération universelle des pierres perforées. Un trou peut indiquer le passage de la forme à l'esprit. De nombreux rites d'initiation se tiennent dans des trous. Examinez les signes qui l'accompagnent, pour décrypter le sens de ce signe.
• Devriez-vous réparer quelque chose dans votre vie ?

Tuer

• Prenez note de vos émotions par rapport à ce signe. Du dégoût, du chagrin, de la honte, de la peur, de la tristesse ou de l'horreur ? Ce que vous ressentez sert à identifier le sens du signe. Plongez dans les émotions que vous y associez, afin de comprendre ce qu'il signifie. Si ce signe vous apparaît, cela veut habituellement dire que vous libérez des parties de vous-même non nécessaires à votre évolution actuelle. Vous vous débarrassez de croyances et de comportements dont vous n'avez plus besoin.
• Ce signe peut représenter une grande perte d'énergie. Êtes-vous en train de détruire une partie de vous-même qui vous déplaît ? Faites l'affirmation suivante : « Tout ce qui fait partie de moi a de la valeur et est important. Je respecte tous les aspects de moi-même. »

Tunnel

• Le tunnel est un passage intérieur vers le moi. Entrer sous la terre est souvent une métaphore pour entrer dans le subconscient. Le moment est venu de détourner votre attention du monde extérieur afin d'explorer votre royaume intérieur.
• La lumière au bout du tunnel peut indiquer que vous réussirez à traverser cette période difficile. Les circonstances de votre vie vont s'améliorer. Vous allez vous en sortir.
• Votre vision serait-elle un peu étroite ? Élargissez vos horizons, afin de voir la situation sous tous ses angles.
• Les personnes ayant fait une expérience de mort imminente signalent presque toujours un tunnel dans lequel elles avançaient vers la lumière. Cette image fait partie de la conscience collective comme métaphore puissante d'un changement des réalités et des niveaux de conscience. Vous êtes sur le point de connaître un grand changement et de vous brancher sur de nouvelles fréquences de réception.

Tuteur

• Quelqu'un ou quelque chose vous soutient-il temporairement jusqu'à ce que vous ayez retrouvé votre sagesse, votre jugement ou vos forces ?

Un (Voir aussi *Chiffres*)

• Être le numéro un est un signe de succès. Vous êtes en tête du peloton.

Uniforme

• Votre vie est-elle trop rigoureuse, pas assez souple ? Tout est-il trop uniforme et ennuyeux ? La créativité surgit souvent du chaos et du désordre. Créez un peu de désordre dans votre vie. Semez la pagaille. Pataugez dans les flaques. Amusez-vous !
• L'uniforme peut être un signe d'autorité. Refusez-vous l'autorité ? Le cas échéant, ceci indique habituellement que vous devez davantage affirmer la vôtre.

Vaccination

• Ce signe peut indiquer un besoin de protection émotionnelle ou que vous devriez effectivement recevoir un vaccin. Consultez votre médecin pour un bilan de santé.

Vache

• La vache est universellement reconnue comme un animal paisible. Vous sentez-vous en paix, ou devrait-il y en avoir davantage dans votre vie ?
• La vache peut représenter la patience et l'endurance. Y a-t-il quelque chose que vous endurez patiemment depuis longtemps ?
• Dans certaines cultures, on identifie la vache à la terre, à la lune et à la maternité. De nombreuses déesses lunaires portent les cornes d'une vache. Dans la croyance hindoue, la vache et le taureau représentent les forces régénératrices de l'Univers.

Va-et-vient

• Faire les cent pas à toute allure peut signifier que vous êtes incertain de l'orientation de votre vie. Arrêtez-vous. Réfléchir activement à une situation n'est pas toujours efficace. Si vous prenez le temps d'apaiser votre esprit, la solution se présentera d'elle-même.

Veau

• Le veau est un symbole de jeunesse heureuse et saine à la campagne.
• Prenez note des détails du symbolisme. Le veau d'or était une idole adorée par les Hébreux. L'expression « adorer le veau d'or » signifie avoir le culte de l'argent.

Verger (Voir aussi Jardin)

• Le verger est un signe important qui vous invite à récolter les fruits de votre labeur et à être productif.

Vert

• Le vert représente universellement la fertilité et l'abondance de la nature. Au printemps, les bourgeons sont verts, et cette couleur

signifie une nouvelle étape de croissance pour vous. C'est aussi la couleur de la guérison.
• L'homonyme « ver (de terre) » peut signifier de travailler le sol (préparer le terrain) avant de commencer un projet.
• Il peut aussi signaler quelqu'un de votre entourage qui ne sait pas se tenir debout dans la vie, qui rampe.
• Y a-t-il un ver dans la pomme ? Une situation est-elle en train de s'envenimer ?

Vésicule biliaire

• La vésicule peut être un signe de colère.

Vessie

• La vessie peut représenter la peur de lâcher prise, le désir de rester accroché à de vieilles croyances. Trouvez un lieu où vous vous sentirez suffisamment en sécurité pour faire confiance et lâcher prise.

Vêtements

• Vos vêtements représentent votre image extérieure et vous protègent contre les éléments. Quelle est votre réaction personnelle aux vêtements ? Le proverbe dit : « L'habit ne fait pas le moine », mais vos vêtements sont-ils à votre image et reflètent-ils votre personnalité ? Sinon, changez-les. Il vaut mieux posséder quelques tenues qui vous conviennent parfaitement plutôt que d'avoir une grande garde-robe qui ne respecte pas votre perception de vous-même.
• Les vêtements peuvent aussi représenter les rôles que vous jouez dans la vie.

Vide

• Simplifiez-vous la vie. Faites table rase de vos conceptions, de vos modèles de pensée et de vos idéaux. Il faut parfois faire le vide, pour pouvoir accueillir du nouveau. Le vide appelle le plein.
• Ressentez-vous un grand vide intérieur ? Prenez le temps de vous ressourcer. Prenez soin de vous et soyez tendre envers vous-même. Faites ce qui vous plaît le plus.

• Vous sentez-vous isolé, vide et peu créatif ? Sortez. Joignez-vous à un club. Allez marcher. Faites du bénévolat ou offrez votre aide à des organismes communautaires. Participez à la vie, pour vibrer davantage.

Vieilleries

• Les vieilleries, le bric-à-brac, sont des choses dont vous n'avez plus besoin, comme des idées périmées, des sentiments morts, de vieilles habitudes et même certaines relations. Pour vous débarrasser de votre fouillis émotif, commencez par faire un ménage concret chez vous. Le geste symbolique de nettoyer vos armoires et vos tiroirs, de jeter tout ce qui ne sert plus ou que vous n'aimez plus vous aidera à vous débarrasser de vieux états d'âme qui ne correspondent plus à la personne que vous êtes vraiment. Essayez ! C'est efficace.

Vierge

• Un signe traditionnel de chasteté, de la Sainte Vierge et de l'aspect féminin de Dieu.
• La vierge est également un signe de quelque chose de neuf, comme la laine vierge ou la forêt vierge. Si ce signe vous apparaît, vous entrez dans une phase de votre vie où tout sera nouveau et pur.
• Le mythe suivant lequel une femme vierge représente l'épouse idéale est préjudiciable. Heureusement, il tend à s'effacer. Il faut de la maturité et de la compréhension, pour former un couple uni.

Ville

• La perception que vous avez de la ville reflète généralement ce qui se passe en vous. À quoi la ville vous fait-elle penser ? Fébrilité ? Divertissement ? Chaos ? Affaires ? Crime ? Pollution ? Examinez ce que vous pensez de la ville, pour voir si cela a un rapport avec un aspect de votre vie.

Vin

• Le vin symbolise la prospérité, l'abondance, la fête et la détente. Êtes-vous prêt à célébrer ? Même si vous ne buvez pas, ce signe renferme l'énergie collective associée au bon vivant.

• Ce signe peut également symboliser l'harmonie spirituelle, parce que le vin représente le sang du Christ, c'est-à-dire l'énergie spirituelle.

Viol

• Un signe très puissant. Vous sentez-vous violé sur le plan émotif ou énergétique ? Êtes-vous dans une situation qui vous donne l'impression d'être une victime ? Prenez-vous la réalité de quelqu'un d'autre pour la vôtre, ou donnez-vous votre énergie à une autre personne ou à quelque chose ? Cela peut être le signe d'une immense perte de pouvoir et d'estime de soi, le sentiment d'être exploité ou envahi sur le plan émotif. Faites l'affirmation suivante, avec détermination : « Je suis un être humain fort et puissant et je crée ma propre destinée. »
• Des symboles de viol peuvent apparaître lorsque des souvenirs de mauvais traitements remontant à l'enfance commencent à émerger. Si les signes persistent, il serait bon d'envisager une thérapie, pour soigner des émotions enfouies.

Voiture

• Une voiture représente le plus souvent votre corps physique, votre être. Si vous avez des ennuis avec votre voiture, remarquez quelles pièces mécaniques sont en cause, car elles peuvent être significatives. Voici quelques exemples :
• S'il y a un problème de freins, cela peut vous signaler de freiner la cadence. Devriez-vous stopper une situation ? Si les freins de votre voiture ne fonctionnent plus, demandez-vous si vous n'auriez pas
• Si le radiateur surchauffe constamment, demandez-vous si vous ne devriez pas vous arrêter et vous détendre. C'est le moment de faire baisser la température. Vous atteignez votre point d'ébullition trop vite. Essayez des façons plus constructives de neutraliser votre colère et le bouillonnement de vos émotions.
• Des pneus lisses peuvent signaler que vous ne bénéficiez pas de la traction nécessaire pour avancer dans la vie. Prenez le temps de communiquer avec votre entourage et de mieux comprendre où vous en êtes.
• Si les pneus sont lisses et que vous perdez constamment la maîtrise du véhicule, demandez-vous s'il n'en est pas de même dans votre vie.
• Si les vitres s'embuent trop souvent, c'est peut-être qu'il y a quelque chose que vous ne voulez pas voir.

Voler

• Quelqu'un vous vole-t-il ? Vous vole-t-on votre énergie ? Cela indique peut-être que vous avez volé quelque chose. Le cas échéant, vous devriez rendre ce que vous avez pris et faire amende honorable.
• Voler est généralement bon signe. Il signifie la liberté, la libération des limites physiques. Vous « survolez » peut-être une situation. Tenez-vous prêt à vous élancer dans la vie.

Voleur

• Quelqu'un vous vole-t-il votre énergie ou quelque chose vous appartenant de plein droit ? Ce signe peut également vous prévenir de mettre vos biens à l'abri.
• Quelqu'un vous vole-t-il votre énergie ou quelque chose vous appartenant de plein droit ? Ce signe peut également vous prévenir de mettre vos biens à l'abri.
• Cela peut être un signe de grande peur et d'insécurité. Avez-vous le sentiment d'être une victime de la vie ? Vous sentez-vous à la merci des événements ? Assumez la responsabilité de votre vie et vivez-la comme vous l'entendez. Trouvez des aspects que vous maîtrisez bien, afin de vous donner confiance et de graduellement étendre cette confiance à l'ensemble de votre expérience de vie.
• Ce signe peut également vous signaler de prendre des précautions supplémentaires pour assurer la sécurité de votre domicile.

Voyage

• Un voyage suscite généralement l'exploration de soi et permet de grandir. Cela peut être le signe de vous préparer à faire un voyage imprévu.

Yeux

• Consentir à voir les choses clairement et telles qu'elles sont. Y a-t-il quelque chose que vous ne voulez pas voir ?
• On dit des yeux qu'ils sont « le miroir de l'âme ». On croit que le troisième œil est la porte d'entrée vers le royaume des esprits.
• Tenez-vous à quelqu'un « comme à la prunelle de vos yeux » ?

Yo-yo

• Avez-vous l'impression de jouer au yo-yo, de monter et de descendre, en répétant constamment les mêmes comportements ? Faites l'affirmation suivante : « Je poursuis mes objectifs avec précision et concentration. »

Zéro

• Avez-vous un sentiment de vide, de néant ? Faites l'affirmation suivante : « Je suis un être de grande valeur. Ma vie sert à quelque chose. »
• Le zéro peut représenter une grande unité, quelque chose de complet, car le cercle est un symbole universel de complétude et d'infini.

Un mot sur l'auteure

Le cheminement personnel de Denise Linn a commencé à l'adolescence, après une expérience de mort imminente. Ce moment unique a suscité une quête spirituelle qui l'a amenée à faire des recherches sur les traditions de nombreuses cultures, y compris celles de ses propres ancêtres autochtones américains. Au cours des 25 dernières années, elle a étudié auprès d'un *kahuna* (chaman) hawaïen, du maître reiki Hawayo Takata, d'un maître shiatsu, d'un sorcier indien pueblo, des aborigènes du *outback* australien, des Zoulous du Bophuthatswana, et a été adoptée par une tribu maorie en Nouvelle-Zélande. Elle a par ailleurs vécu dans un monastère zen bouddhiste pendant plus de deux ans.

Madame Linn est conférencière, guérisseuse et écrivaine. Elle anime régulièrement des séminaires sur tous les continents, est souvent invitée dans des émissions de radio et de télévision partout dans le monde et a écrit de nombreux livres, dont le best-seller *Les espaces sacrés*.

AUTRES LIVRES DE DENISE LINN
AUX ÉDITIONS ADA